N
O
E
S

Conception : Ant's Books
Illustrations : Rossana Berretta - Ilaria Spada
Textes originaux : Amedeo De Santis
Maquette : Eleonora Barsotti

4, av. de la Baltique
91946 Villebon - France
Dépôt légal : 1er trimestre 2007
Loi n°49-956 du 16 juillet 1949
sur les publications destinées à la jeunesse.
Imprimé en Chine.

LES CRÉATURES MYTHOLOGIQUES

LE MINOTAURE

Selon la mythologie de la Grèce antique, le Minotaure était représenté comme une créature au corps humain affublée d'une tête de taureau. D'après la légende, le monstre serait né de Pasiphaé, épouse de Minos, roi de Crète. Poséidon, le dieu de la Mer, aurait fait naître de l'onde un beau taureau sacré qu'il donna à Minos pour un sacrifice. Mais Minos trouva l'animal si impressionnant qu'il le garda pour lui, offrant à la place une bête grossière. Cela provoqua la colère de Poséidon et sa terrible vengeance. Grâce à un stratagème, l'union entre le taureau sacré et Pasiphaé fut consommée et il en naquit un monstre, le Minotaure. Celui-ci provoqua de considérables désastres jusqu'à ce qu'il fût enfermé dans un enclos tortueux mais solide appelé labyrinthe et bâti par l'architecte Dédale. Pour satisfaire l'appétit féroce de la bête, il fallait sacrifier de jeunes athéniens jusqu'à ce que Thésée parvînt à le tuer.

Le Minotaure est représenté armé d'une hache.

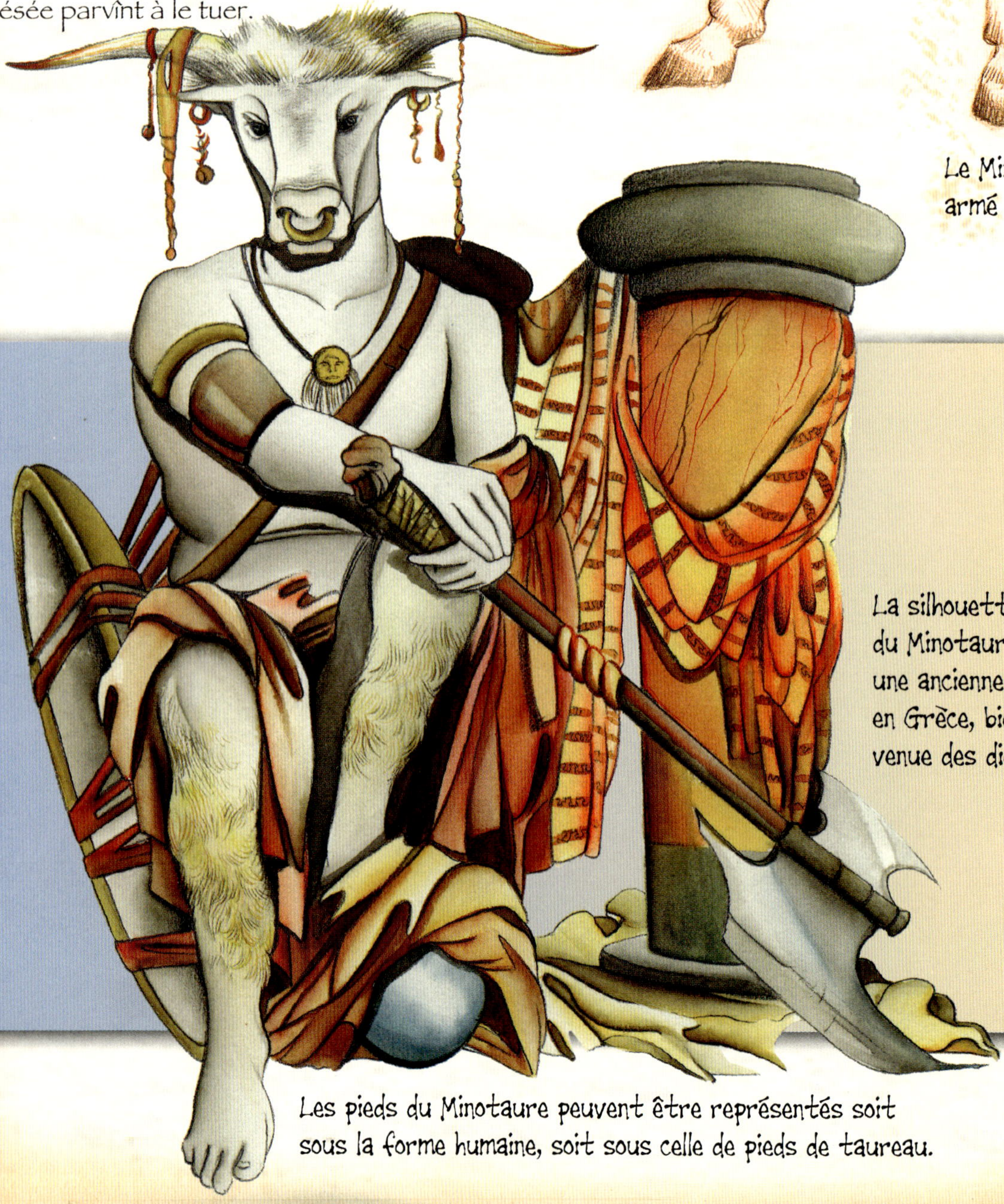

La silhouette de taureau du Minotaure fait penser à une ancienne divinité vénérée en Grèce, bien avant la venue des dieux de l'Olympe.

Les pieds du Minotaure peuvent être représentés soit sous la forme humaine, soit sous celle de pieds de taureau.

Dans les ruines du palais de Cnossos, on a trouvé des fresques et des sculptures du culte voué au taureau et à la double hache.

lutte entre Thésée et le Minotaure

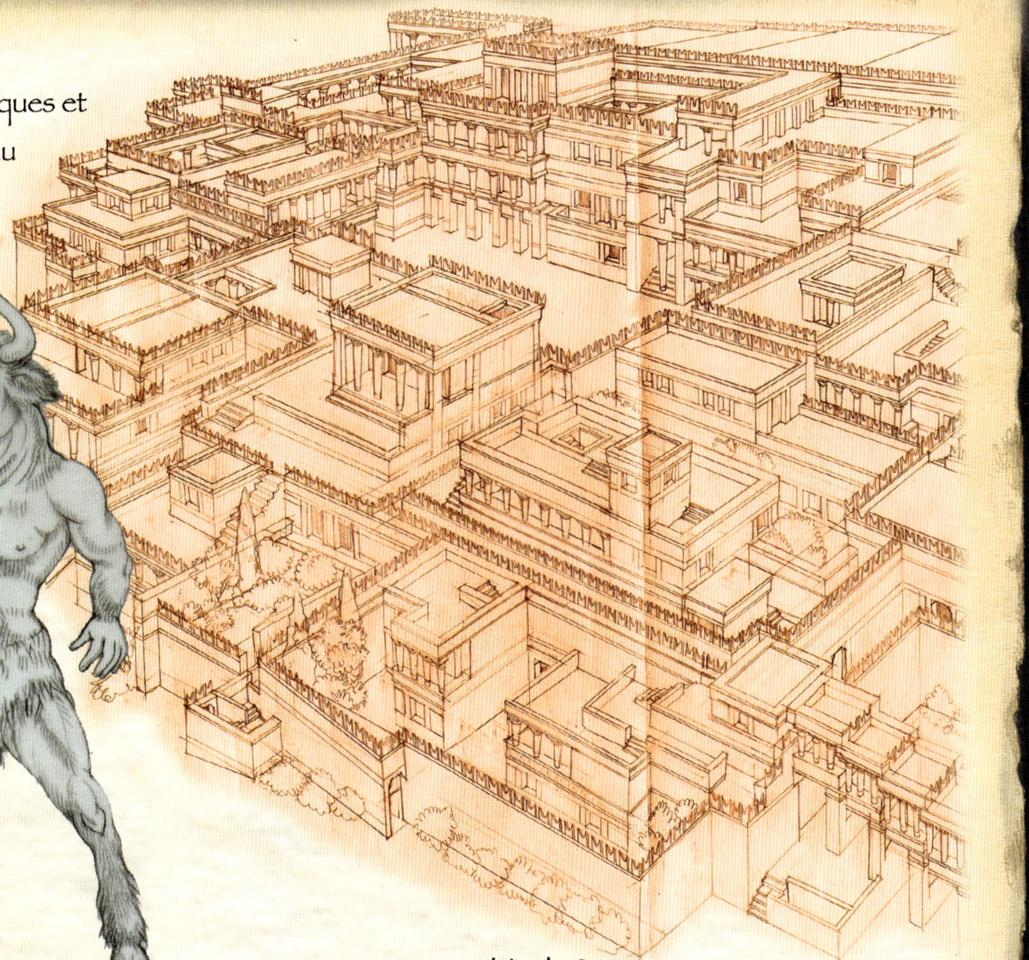

palais de Cnossos

LA LÉGENDE DE THÉSÉE

La rencontre avec le Minotaure a été l'une des premières aventures de Thésée et a contribué à sa réputation héroïque. Selon la légende, Minos, roi de Crète, imposa à la ville d'Athènes de lui envoyer sept jeunes garçons et sept jeunes filles chaque année dans son royaume. Ces jeunes athéniens étaient destinés à satisfaire l'appétit du Minotaure. Thésée se substitua à l'un d'eux et fut envoyé en Crète où il réussit à séduire Ariane, la fille du roi Minos. La jeune fille lui confia un long fil avec lequel il pénétra dans le labyrinthe, lui permettant ainsi de retrouver le chemin de la sortie après avoir tué le Minotaure.

LE LABYRINTHE

Le Minotaure était associé à une construction appelée labyrinthe dont il était impossible de sortir. Cette prison, créée par Dédale, était creusée au milieu des fondations du palais de Cnossos, sur l'île de la Crète.

LE SATYRE

D'après la mythologie grecque, les satyres seraient les descendants de Phoros, roi du Péloponnèse. Il aurait été célèbre à Argos pour avoir enseigné l'usage du feu aux hommes. Les satyres étaient souvent accompagnés par les nymphes.

Le satyre est une créature mythologique avec une tête, un buste et des bras humains alors que la partie inférieure de son corps correspondait à celle d'un bouc. Il portait une paire de cornes sur la tête et sa queue était faite d'une touffe de poils. Il possédait aussi des oreilles allongées et pointues.

Satyre adulte sautant sur les rochers.

Le caractère des satyres était aussi particulier que leur aspect physique. Leur passe-temps favori consistait à accompagner Dionysos, le dieu du Vin, tout en dansant et jouant de la corne ou du syrinx (flûte de Pan). Ces créatures évoquaient la sensualité car ils ne cessaient d'importuner les nymphes des forêts. Boire et s'amuser étaient l'essentiel de leurs occupations.
L'un des leurs, Marsyas, utilisait la flûte de Pan avec beaucoup de talent. Il osa même défier Apollon avec sa musique.

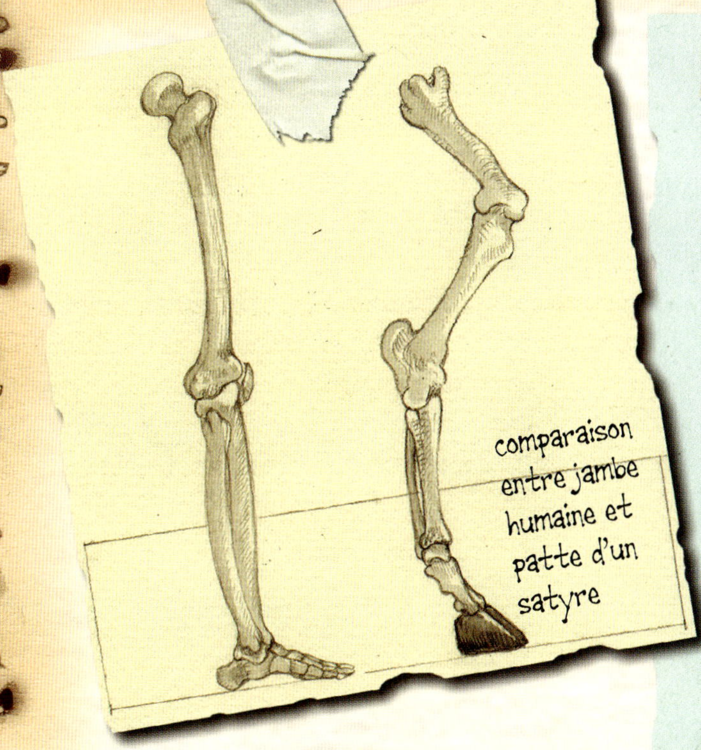

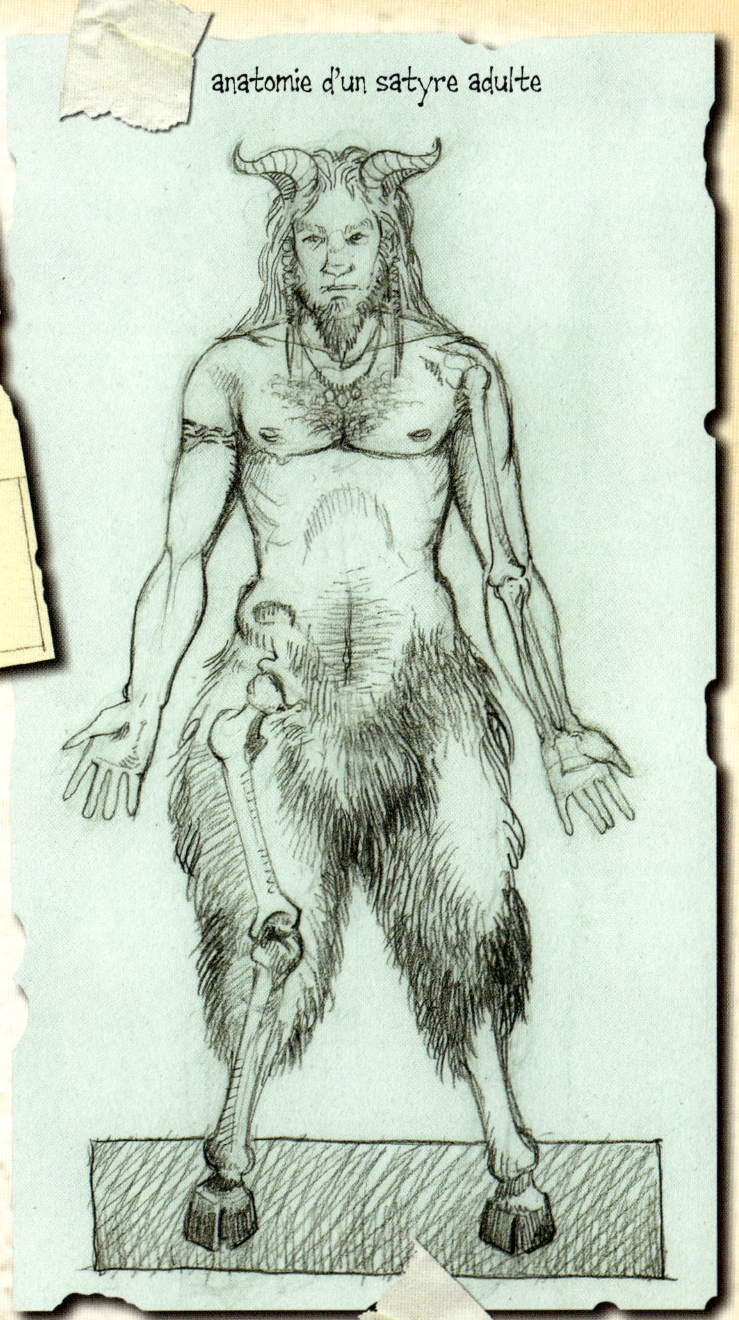

L'ORIGINE DU NOM

On sait que l'origine du nom des satyres fait référence à leur épaisse toison qui ne recouvrait que la partie inférieure du corps. Cette fourrure cachait presque complètement leurs jambes dont la forme était très caractéristique.
Leurs cornes continuaient à pousser pendant toute leur vie. Cette particularité est d'ailleurs la même chez le bouc.

LE KAPPA

Dans les rivières du Japon, vivait une étrange créature amphibie. Les habitants de ces contrées le nommaient kappa et le craignaient pour sa force herculéenne et ses habitudes féroces. Son aspect ressemblait à celui d'un nain au corps verdâtre et recouvert d'écailles. C'était une créature intelligente mais assez malfaisante.

Les doigts du kappa se terminaient par de longues et solides griffes. Ses mains et ses pieds étaient palmés comme ceux des amphibiens, ce qui facilitait ses déplacements dans l'eau.

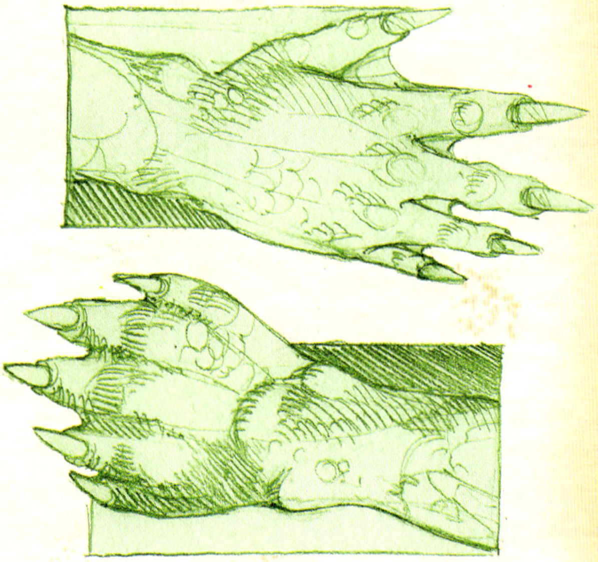

Les rapports entre les hommes et le kappa n'étaient pas très cordiaux. Le danger régnait le long des cours d'eau où ces créatures s'étaient installées. Les plus audacieux s'approchaient des hommes et cherchaient à imiter leur langage. On raconte même que certains pouvaient créer des relations amicales avec les êtres humains.

LE KAPPA ADULTE

Un kappa adulte n'était pas plus grand qu'un enfant humain. Son dos avait une carapace ressemblant à celle des tortues. Son crâne était entouré de cheveux désordonnés et au centre, il y avait un creux où l'eau stagnait, ce qui lui donnait une force terrible.

Ces monstres se nourrissaient en noyant les animaux ou les humains qui se promenaient le long des rivières. Mais, selon la légende, sa nourriture préférée était le concombre !

Ce monstre n'avait pas bon caractère et il était doté d'une grande force. S'il fallait l'affronter, on pouvait toujours tenter la ruse de la révérence. Si le kappa rendait le salut en se penchant, le liquide auquel il devait sa force coulait alors de son crâne, ce qui le rendait plus vulnérable.

Le kappa passait beaucoup de temps sous l'eau.
Il se camouflait dans la végétation, toujours prêt à attaquer ses proies.

anatomie de son crâne creux

Le kappa vivait dans les eaux intérieures du Japon.

LE SPHINX

Cette appellation de sphinx fait référence à deux créatures monstrueuses, l'une d'origine égyptienne et l'autre grecque. Celle née en Égypte est apparue au troisième millénaire avant Jésus-Christ et se caractérisait par un corps hybride de lion à tête humaine.

Cette créature évoquait le visage du pharaon et son image était la gardienne du seuil des sanctuaires durant la journée tout en restant reliée à la vie et à la mort pendant la nuit.

Une immense statue de pierre en forme de sphinx se trouve dans le gigantesque site de Gizeh en Égypte, près des pyramides des pharaons de la quatrième dynastie. Entre ses pattes, on a trouvé un petit autel sur lequel le pharaon venait honorer les divinités.

SA RENOMMÉE

Le mythe du sphinx s'est étendu dans toute la région de l'Égypte ancienne même si son image a été également présente dans d'autres parties du monde.

Le sphinx grec le plus connu est représenté par un visage et un buste de femme avec un corps léonin et des ailes d'oiseau.

créature hybride ailée à tête d'homme

Dans la région mésopotamienne, on trouve d'autres figures hybrides à tête humaine et à corps d'animal. L'une des plus connues est celle de Lamassu, le mythique gardien des constructions sacrées dont il était aussi le protecteur. On le représentait fréquemment d'une tête d'homme à longue barbe avec un corps de taureau ailé.

LE SPHINX GREC

Le sphinx grec avait le visage et le buste d'une femme au corps de lionne. Recouverte de poils et de plumes, elle possédait presque toujours des ailes. Alors que le sphinx égyptien symbolisait la figure du pharaon, celle du sphinx grec était reliée au mythe d'Œdipe qui était parvenu à découvrir un secret pourtant bien gardé.

L'ÉNIGME D'ŒDIPE

De passage à Thèbes, le prince Œdipe rencontra le Sphinx. Celui-ci dévorait les passants incapables de découvrir les clés de son énigme qui était : qui possède quatre pattes le matin, deux à midi et trois le soir ? Œdipe répondit : “c'est l'homme”. En effet, l'homme marche à quatre pattes quand il est enfant, sur deux quand il est adulte et trois quand il est vieillard avec sa canne. Dépité, le monstre se jeta alors du haut d'un rocher escarpé pour disparaître de la surface de la Terre.

Œdipe et le Sphinx

LE NÂGA

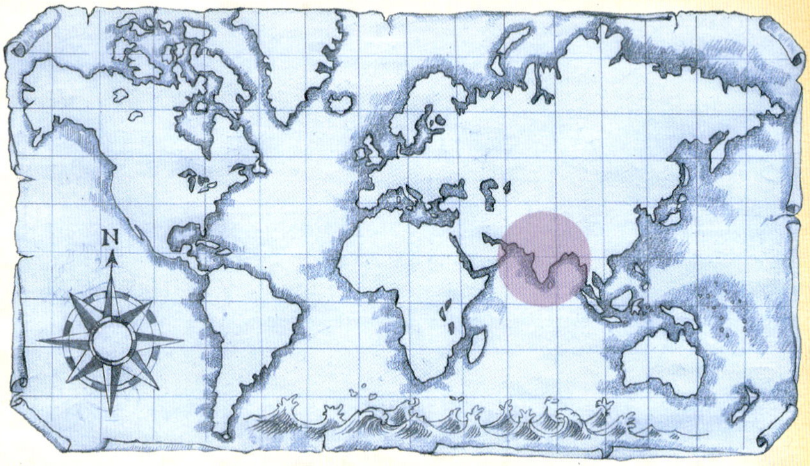

C'étaient des créatures mythiques du continent indien. Indifféremment représentés par des serpents à plusieurs têtes ou des humains à la tête de serpent, ils pouvaient aussi être des hybrides dont le corps humain se terminait par une queue de serpent. Ces êtres étaient reliés au monde aquatique ou souterrain et symbolisaient le désir et la séduction. On dit que leur mère Kadrù avait voulu les rendre immortels en leur faisant boire une potion nommée amrita. Mais, pour sauver sa propre mère, l'oiseau mythique Garuda déroba le fameux breuvage. Ce fut l'origine d'une rivalité et d'une guerre sans fin.

Bien que très particuliers à la légende indienne, les nâgas étaient aussi répandus, à une époque plus ancienne, en Chine et au Japon.

Les nâgas qui apparaissaient sous une forme hybride portaient souvent un couvre-chef en forme de tête de serpent pour indiquer leur état de créature semi-divine.

Parmi les puissants nâgas, de vieux serpents étaient capables de faire apparaître des armées de monstres. Leur pouvoir était plus puissant pendant les périodes de guerre.

vieux Nâga à tête de cobra

nâgi de la dynastie royale avec son nouveau-né

LE NÂGA ET LA NOBLESSE

La forme typique des nâgas hybrides, avec leur corps humain et leur queue de serpent, était presque toujours attribuée au sexe féminin. On les appelle nâgis. Ces créatures étaient en mesure de s'accoupler avec des humains et pouvaient s'apparenter aux ancêtres des familles de la noblesse indienne.

Le monde des nâgas se situait au dessous du niveau de l'eau ou parfois dans les enfers. Leurs cités avaient de splendides et riches palais dont ils étaient les gardiens.

L'ONI

En japonais, le nom « oni » signifie démon ou esprit maléfique. À l'origine, il semblerait que l'on appelait oni des créatures pouvant protéger les êtres humains des esprits malfaisants. Mais avec le temps, leur proximité constante avec le "mal" transforma peu à peu la perception de leur rôle et furent finalement associées à des événements négatifs. Leur nom évoqua alors le monde des enfers, de la peste et de la famine, les rendant peu fréquentables. Encore de nos jours, dans de nombreux villages, on suit toujours un rite spécial de chasse à l'oni à l'occasion du début du printemps.

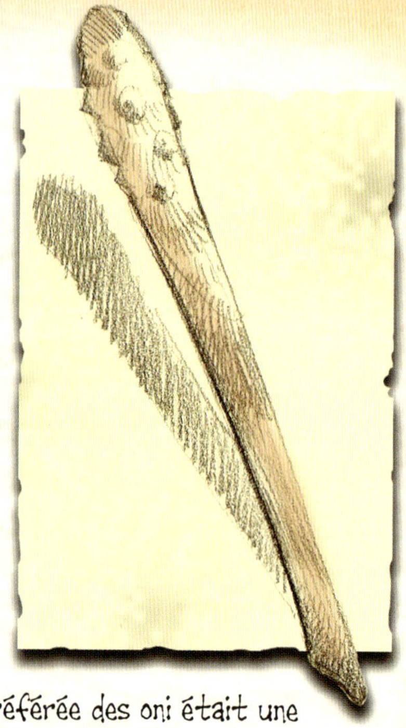

L'arme préférée des oni était une massue de bois aux pointes saillantes appelée kanabou.

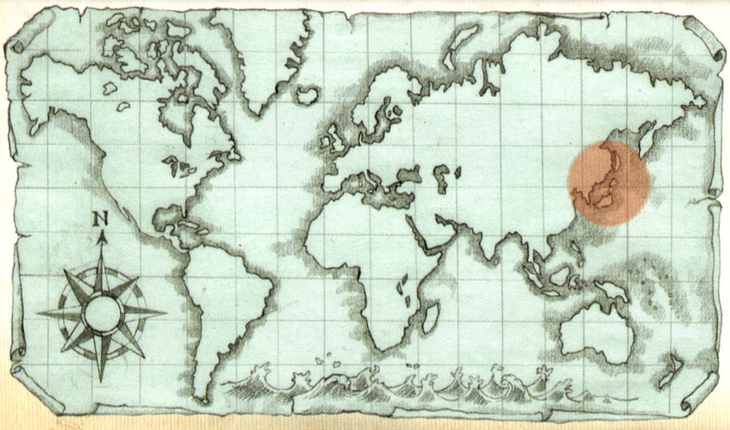

LEUR RAYON D'ACTION

Les oni étaient issus de la mythologie japonaise. Dans les traditions remontant au Xe siècle, ils étaient disséminés surtout au nord-est du pays. Pour ces raisons, de nombreux temples ont été construits orientés dans cette direction afin de les tenir à distance.

UNE CRÉATURE GIGANTESQUE

Les oni étaient le plus souvent représentés comme des créatures monstrueuses aux formes lourdes et ressemblant vaguement à un être humain. Leur énorme tête était pourvue de cornes et recouverte d'une chevelure hirsute qui, chez les mâles, était prolongée par une barbe de bouc.

Leur bouche était très grande et laissait apparaître des crocs pointus. Les doigts des mains et des pieds portaient de longues griffes acérées. Ils étaient parfois aussi représentés avec plus de deux yeux et un nombre variable de doigts. Leur peau pouvait être de plusieurs couleurs, et le plus souvent avec des tendances de bleu ou de rouge.

L'aspect et la taille des oni étaient très variables. Ils étaient souvent plus grand qu'un homme adulte.

Un gigantesque oni armé de sa massue à pointes avait une allure féroce et indestructible. Sa barbe hirsute, ses grandes cornes et ses griffes lui donnaient un air monstrueux.

Seul un courageux samouraï pouvait affronter ce monstre. Certains de ces guerriers utilisaient un petit oni d'ivoire en guise de bouton pour leur kimono.

CERBÈRE

Créature monstrueuse issue de la culture grecque, il possédait un corps de chien surmonté de plusieurs têtes. Dans la mythologie, Cerbère était le fils de Typhon, personnage terrible capable de défier Zeus. Il avait l'agressivité et l'imposante masse de son père, c'est pourquoi on lui donna le rôle de gardien du monde souterrain d'Hadès. Posté à la porte des enfers, il empêchait les âmes de revenir du royaume des morts. Certaines images le montrent encore plus féroce, l'échine hérissée de têtes de serpents.

Les âmes des trépassés, emmenées dans la barque du vieux passeur Charon, passaient par un marécage situé sous le Pont-Euxin (l'actuelle mer Noire). Ils rejoignaient ainsi l'autre rive d'un fleuve, le Styx, où résidait Cerbère. Ce terrible animal à trois têtes interdisait l'accès d'Hadès aux vivants et empêchait les morts d'en sortir.

Dante rencontre Cerbère et le contourne, se méfiant de sa voracité.

DANTE ALIGHIERI RENCONTRE LE MONSTRE

Dans *La Divine Comédie*, le grand poète Dante Alighieri nous décrit Cerbère rencontré lors de sa descente aux enfers. La bête montra au poète ses trois terribles gueules secouées de rage et de voracité. Virgile, l'ami qui accompagnait Dante, stoppa l'agressivité de Cerbère en lui lançant une poignée de boue dans chacune de ses gueules. Il se tint ainsi tranquille.

LES AUTRES MYTHES DE CERBÈRE

Dans la mythologie romaine, Hercule devait exécuter douze exploits légendaires. Lors du dernier, il avait pour mission de capturer Cerbère. Il dut lutter contre le monstre à mains nues, réussit à lui attacher les pattes et à l'emmener sur Terre pour le livrer au roi Eurysthée.

Dans la mythologie grecque, le jeune musicien Orphée réussit à charmer Cerbère. En effet, aidé de sa lyre, il parvint à convaincre le redoutable gardien des enfers de le laisser passer pour aller chercher sa bien-aimée Eurydice dans le royaume des morts.

L'HYDRE

Les fameuses têtes de l'hydre rendaient unique cette créature monstrueuse. Capables de se régénérer en partant d'un simple moignon au cou, l'hydre pouvaient posséder un grand nombre de têtes au fil du temps.

Dans la mythologie grecque, l'hydre était représentée sous la forme d'un énorme serpent muni de plusieurs têtes. Dans sa forme la plus courante, elle était décrite comme un dragon capable de tuer grâce à son haleine empoisonnée. Le nombre de ses têtes, pas toujours identique, pouvait varier d'une seule à quelques dizaines. La différence ne résidait pas seulement dans leur nombre mais aussi dans leurs caractéristiques. Ceci dit, toutes les descriptions qui en sont faites s'accordent sur le renouvellement de ses têtes. Quand on lui en coupait une, deux repoussaient. On disait aussi que seule la tête centrale était immortelle.

L'hydre la plus connue était une créature mythologique de la Grèce antique. Selon la légende, l'hydre aurait eu sa demeure dans les sombres marais de Lerne, en Grèce.

Dans les descriptions de ce monstre, il n'est pas fait référence de la présence d'une queue. Mais cela ne veut pas forcément dire que l'hydre n'en possédait pas.

différentes têtes d'hydre

DIFFÉRENTS AVIS

Parmi les animaux médiévaux, on retrouve encore des traces de l'hydre. Elle était décrite comme un dragon à plusieurs têtes mais son apparence était assez éloignée du monstre de la mythologie grecque.

Selon certains spécialistes en mythes anciens, un certain nombre des têtes de l'hydre étaient en or.

L'HYDRE DE LERNE

En Péloponnèse, vivait un monstre redoutable appelé l'hydre de Lerne. C'était une véritable menace pour tous les habitants et les troupeaux de bétail alentour.

Hercule, recouvert de la peau du lion qu'il a tué à Némée, pour se protéger des morsures de l'hydre.

Dans la mythologie romaine, Hercule, lors de son deuxième exploit, dut affronter l'hydre de Lerne. Le héros savait que trancher l'une des têtes de l'hydre en ferait repousser deux. Il parvint donc à l'anéantir en brûlant les moignons des têtes coupées au fur et à mesure qu'elles étaient tranchées. Pour la tête centrale, qu'on disait immortelle, il l'enterra sous un rocher. Hercule trempa ses flèches dans le sang empoisonné de l'hydre. Son arc devint ainsi une arme redoutable.

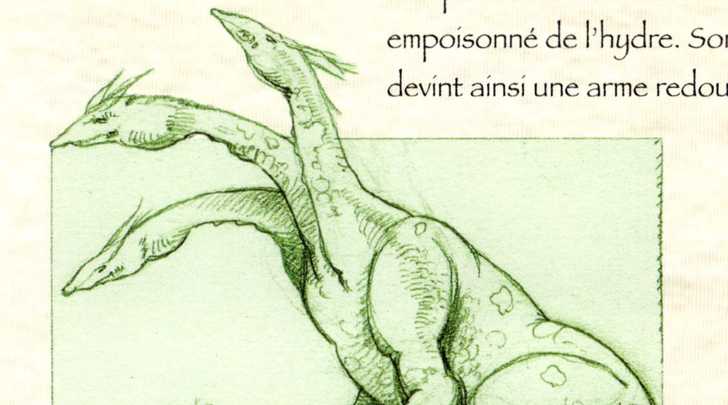

LE GÉANT

La race des géants est présente dans de nombreuses légendes du monde. Ces figures mythiques sont presque toujours reliées aux premiers jours de la création et leur histoire souvent mêlée à celle des dieux. Leurs rapports avec les êtres humains étaient généralement tumultueux et de nombreux héros étaient souvent amenés à les combattre.

chaussure de géant

manteau rugueux fait de poils

Dans le Grand Nord, les géants étaient effrayants et vivaient dans d'épaisses et sombres forêts. Il était vivement conseillé aux voyageurs de ne pas s'aventurer près des bois. Dans cet environnement, il était plus difficile de discerner la présence de ces redoutables créatures et l'on risquait de se faire attaquer par surprise.

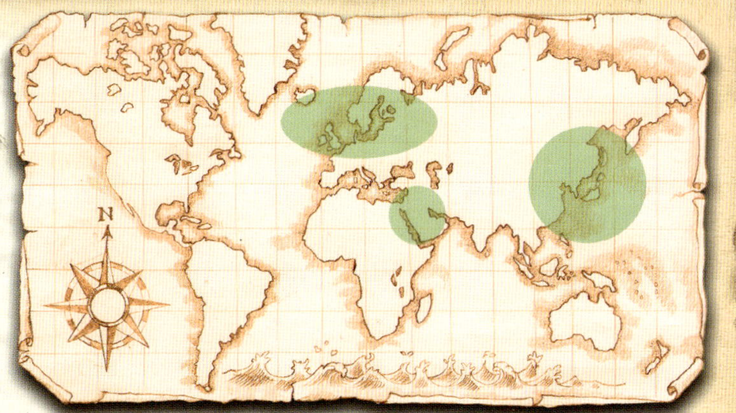

Presque toutes les cultures antiques parlent de géants : les conteurs grecs, ceux du Nord, les Arabes, les Hébreux ainsi que les peuples de l'Extrême-Orient relatent de nombreuses histoires liées à ces personnages.

Atlas portant la voûte céleste

LE MYTHE

Dans la mythologie grecque, Atlas était un titan gigantesque qui a combattu les dieux de l'Olympe. Pour le punir, Zeus le condamna à porter éternellement la voûte céleste sur son dos. Selon une légende plus tardive, Atlas aurait rencontré Persée qui l'aurait pétrifié grâce à la tête de Méduse, le transformant ainsi en une chaîne de montagnes située au nord de l'Afrique.

D'après les légendes nordiques, le géant Ymir aurait été la première créature du genre. Il serait né de la rencontre de deux mondes : le pays du Sud où régnait la chaleur et le feu et le royaume du Nord où froid et humidité dominaient. La chaleur du feu, amenée par le vent, fit fondre une partie des glaces, donnant naissance à Ymir. Nourri du lait d'une vache, il se mit à grandir démesurément et engendra une lignée de géants.

LE DIEU ANUBIS

Dans l'Égypte ancienne, le dieu Anubis était représenté d'une tête de chacal avec un corps d'homme. Il accompagnait les âmes des morts devant le tribunal d'Osiris, la principale divinité de l'au-delà. Là, le cœur des morts était alors pesé et comparé au poids d'une plume. Seuls ceux qui avaient mené une existence digne et honnête pouvaient espérer bénéficier d'une nouvelle vie.

Les entrailles et les organes des défunts étaient extraits du corps et placés à l'intérieur de vases appelés canopes. Seul le cœur était laissé à sa place.

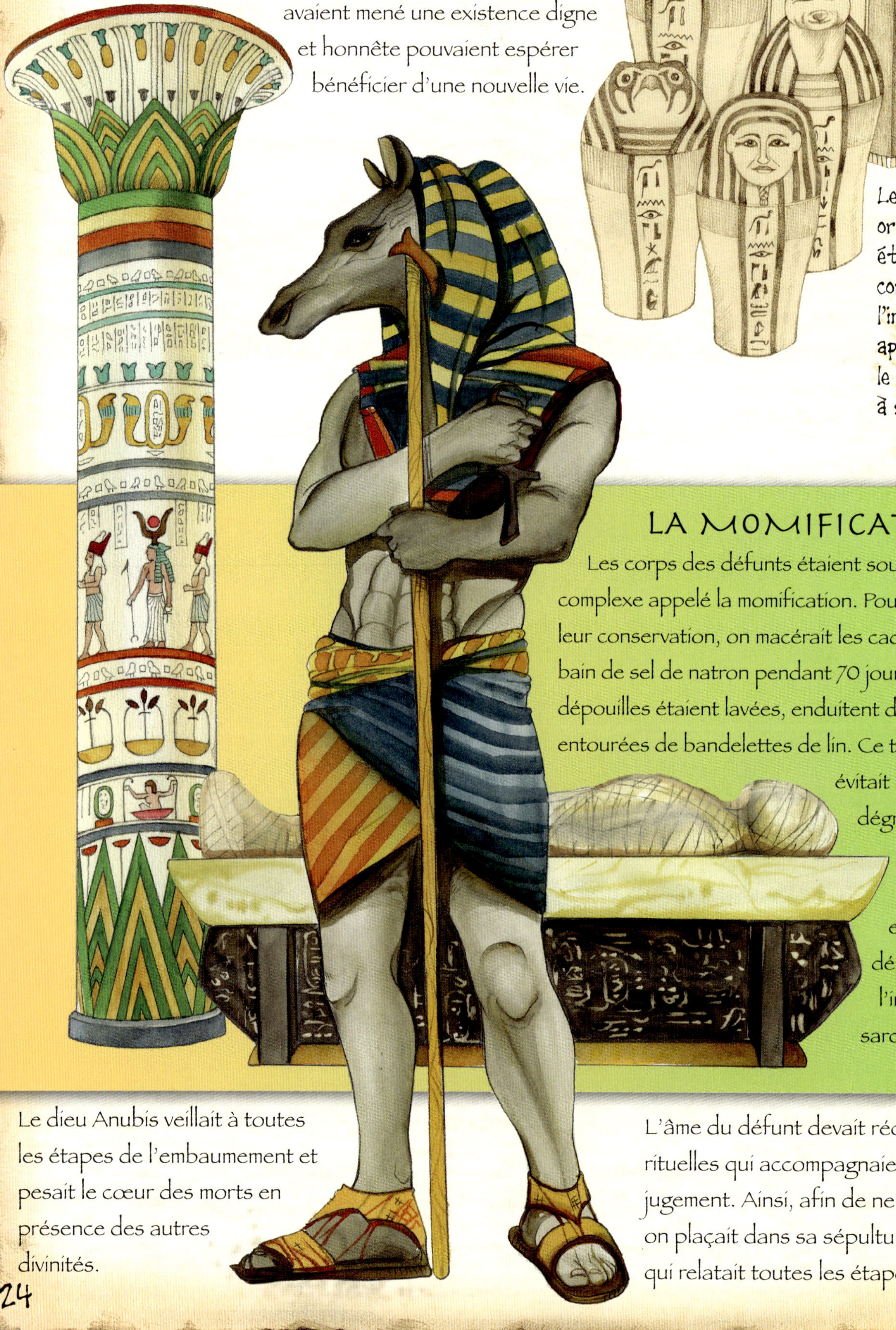

LA MOMIFICATION

Les corps des défunts étaient soumis à un rituel complexe appelé la momification. Pour favoriser leur conservation, on macérait les cadavres dans un bain de sel de natron pendant 70 jours. Puis, ces dépouilles étaient lavées, enduitent d'onguents et entourées de bandelettes de lin. Ce traitement évitait la dégradation des dépouilles qui étaient ensuite déposées à l'intérieur d'un sarcophage.

Le dieu Anubis veillait à toutes les étapes de l'embaumement et pesait le cœur des morts en présence des autres divinités.

L'âme du défunt devait réciter les formules rituelles qui accompagnaient son jugement. Ainsi, afin de ne pas les oublier, on plaçait dans sa sépulture un papyrus qui relatait toutes les étapes à suivre.

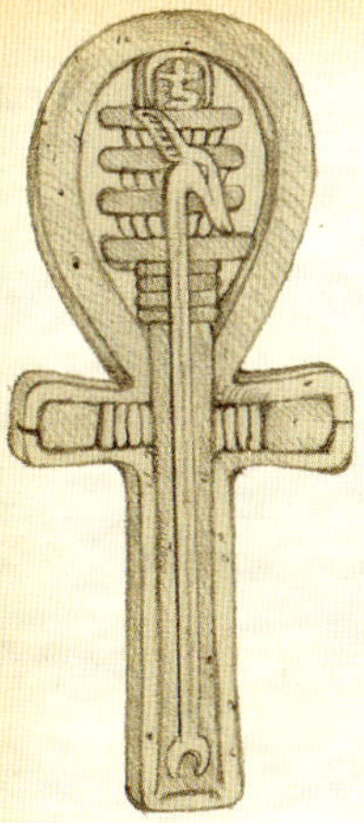

LA CROIX DE VIE

Les divinités d'Égypte portaient l'ornement de la croix de vie. Ce symbole représentait l'éternité et restait réservé aux dieux, aux rois et aux reines. La croix, faite d'émaux précieux, était décorée de symboles rituels.

Deux importantes divinités à tête d'animal et au corps d'homme se nommaient Sobek, vénéré dans le temple de Kom-Ombo et Horus qui était l'incarnation du roi pharaon.

La civilisation de l'Égypte ancienne n'avait pas qu'un seul dieu, ni une seule religion officielle. Le long des berges du Nil, se développèrent des lieux de culte où l'on vénérait plusieurs divinités. Très souvent, la religion était assujettie à des événements incompréhensibles et surnaturels dont les dieux eux-mêmes en étaient les acteurs.

Anubis en train de peser le coeur d'un défunt en présence d'Osiris.

Le Centaure

Dans la mythologie grecque, les centaures seraient nés des amours d'Ixion, roi des Lapithes, avec l'image d'Héra, femme de Zeus. Ainsi apparut une race de créatures extraordinaires, au buste humain et au corps chevalin. Tous les récits les décrivent comme des créatures agressives et violentes. Les centaures menaient une vie sauvage et rude dans les forêts ou les montagnes de la Thessalie et se nourrissaient de viande crue.

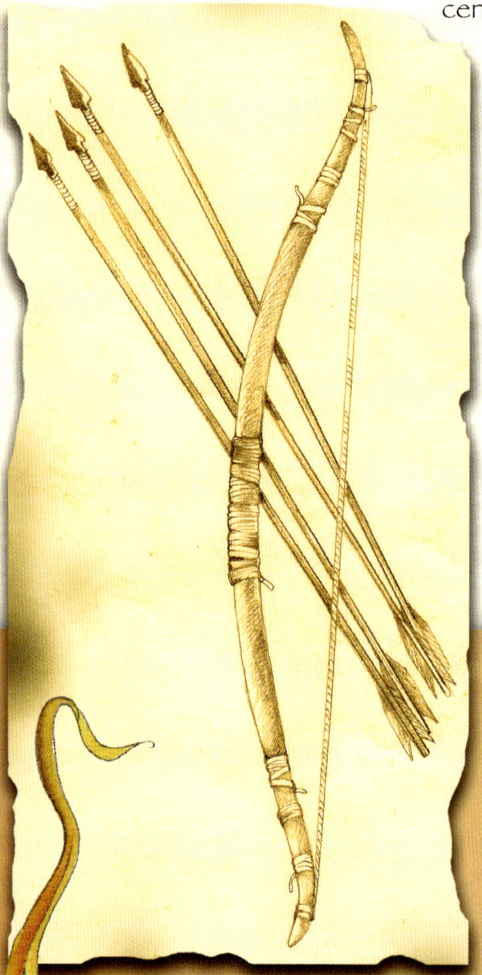

D'après la légende, leurs rapports avec les êtres humains étaient souvent tumultueux. Un épisode mythique de leur histoire est la guerre contre les Lapithes, une peuplade de Thessalie. Invités à un banquet de noce, ils se mirent à trop boire, laissèrent aller leurs instincts grossiers et tentèrent d'enlever l'épouse du roi. Une bagarre avec leurs hôtes éclata et se termina par la défaite des centaures.

La constellation du Sagittaire est consacrée au sage Chiron. Ce centaure est symbolisé décochant une flèche avec son arc pour montrer son habileté à la chasse.

L'image d'un centaure est celle d'un être hybride composé d'un corps chevalin et d'un buste humain.

LES FEMMES CENTAURES

Les femmes centaures ne sont pas décrites dans les récits mythologiques mais des sculpteurs, peintres et autres artistes les ont créées à travers leur art.

Hercule, le célèbre héros, mourut pour s'être vêtu d'une chemise trempée du sang empoisonné d'un centaure, Nessos.

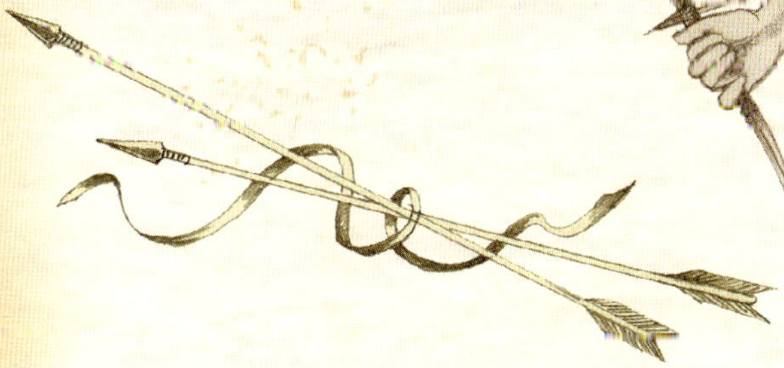

D'après la mythologie, les centaures vivaient en Thessalie dans la Grèce septentrionale.

CHIRON

Chiron était le plus savant et le plus sage des centaures. Il apprit l'art de la chasse et celui de la médecine. Mettant à profit ses connaissances, il fut le professeur de quelques héros de la mythologie grecque, comme Thésée, Jason, Pélée et Achille. Il était immortel car fils d'un dieu. Mais pendant une bagarre, il fut atteint par une flèche empoisonnée tirée malencontreusement par Hercule. Pour échapper à une agonie sans fin, il échangea son immortalité avec le titan Prométhée. Pour lui rendre honneur, Zeus le plaça parmi les astres et Chiron devint la constellation du Sagittaire.

LE PHÉNIX

Le nom de phénix a été donné à un oiseau extraordinaire et fabuleux qui avait la faculté de renaître de ses cendres. Pour les Égyptiens, le phénix était l'image de Râ, dieu du Soleil et créateur de l'univers. Il devint le symbole de la renaissance et de la résurrection. Selon les historiens grecs, l'oiseau ne serait pas originaire d'Égypte mais il viendrait plutôt d'Arabie. Ceci dit, tous les 500 ans, le phénix terminait son cycle de vie à Héliopolis, cité égyptienne. Il s'immolait par le feu, renaissait de ses cendres et repartait.

Á l'époque, les prêtres d'Héliopolis vénéraient le dieu Râ et réalisaient probablement des rites sacrés.

Les anciens décrivaient le corps du phénix semblable à celui d'un aigle mais d'une taille considérable. L'historien et voyageur Hérodote dit dans un de ses livres que la couleur de son plumage était changeante, allant du rouge à l'or. Il précisa tout de même qu'il n'en avait jamais vu personnellement mais qu'il se référait à ce qu'il en avait entendu dire.

Les légendes d'un oiseau immortel sont fréquentes dans de nombreuses cultures du monde. La plus célèbre est celle venant des conteurs de la civilisation égyptienne, à diverses époques. Dans d'autres cultures, il existe différents oiseaux mythiques qui ne meurent jamais et sont destinés à renaître.

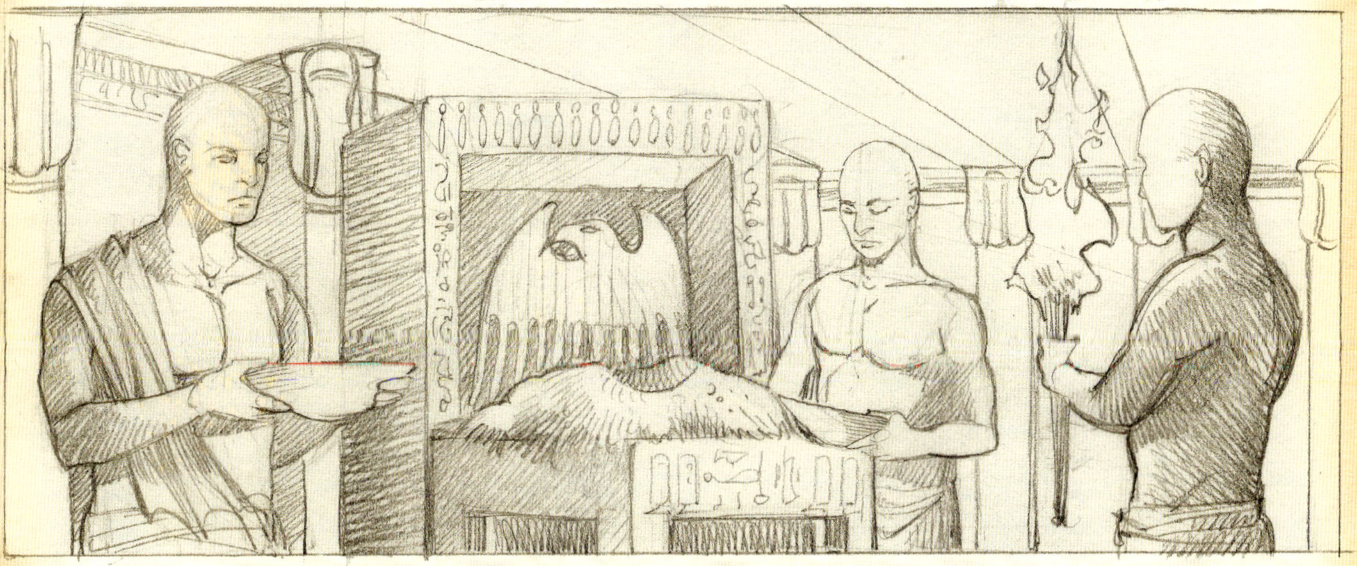

Prêtres d'Héliopolis cherchant le nouveau phénix en fouillant parmi ses cendres.

LE PHÉNIX ÉGYPTIEN

Comme il ne pouvait pas se reproduire, il ne pouvait y avoir qu'un seul phénix sur Terre. Sa mission consistait à pousser un cri pour annoncer la naissance du monde. Tout cela était très mystique, coïncidant avec le lever de l'astre solaire et de l'étoile Sirius, pendant la période de crue du Nil.

LE MYTHE

Sentant sa mort proche, le phénix partait d'Orient pour rejoindre Héliopolis en Égypte. Arrivé à destination, il construisait un nid de myrrhe (encens) et de branches aromatiques. Puis, l'oiseau s'installait dedans, y mettait le feu et se consumait dans les flammes. De ces cendres, naissait un nouveau phénix.

TRITON

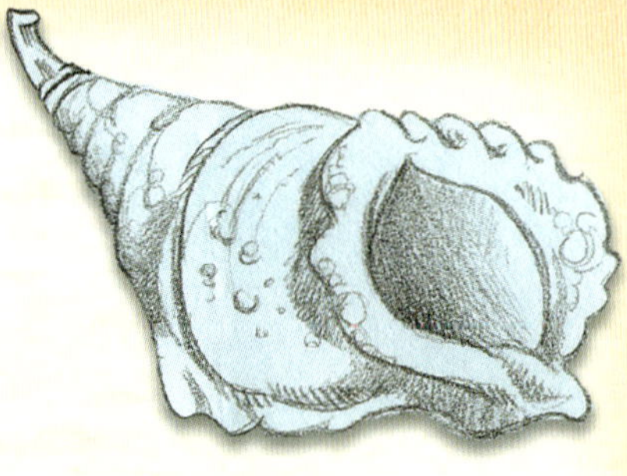

la conque de Triton

C'était une créature mythique au torse et à tête humaine dont la partie inférieure du corps était semblable à celle d'un poisson. D'après la mythologie, Triton aurait été le fils de Poséidon, dieu de la Mer, et aurait vécu avec lui comme serviteur dans un palais doré au fond de l'océan. Capable de se mouvoir aussi bien sur l'eau que dans les fonds sous-marins, il se déplaçait en soufflant dans une conque pour apaiser les flots. Sa bienveillance pouvait assurer aux marins un voyage tranquille sur les mers. Mais ses colères étaient redoutables car il pouvait provoquer des tempêtes et déchaîner les flots.

Triton, mi-homme, mi-poisson

Plus tard, le mythe de Triton perdit peu à peu de son importance. Il fut remplacé par ses fils, des créatures lui ressemblant. Les tritons avaient repris le rôle de leur père et devinrent les serviteurs de Poséidon.

Triton recevant la conque de Poséidon

Triton pouvait apaiser la puissance des vagues en soufflant dans un énorme coquillage. Cet instrument très spécial, appelé conque, était un cadeau de son père Poséidon, dieu de la Mer.

RAYON D'ACTION

L'image de Triton a été très répandue dans tout le bassin méditerranéen. On dit que les Phéniciens le vénéraient comme le roi des Flots.

De nombreux héros de la mythologie grecque effectuaient de longs et périlleux voyages sur les océans. Jason et les Argonautes, de retour de Colchide avec la Toison d'or, durent naviguer au milieu des tempêtes pendant de nombreux jours. Ils furent déviés loin de leur itinéraire habituel et s'échouèrent dans le désert de Libye. C'est alors que Triton, sortant de la mer, les sauva et leur indiqua le chemin du retour.

le bateau des Argonautes

LA MÉDUSE

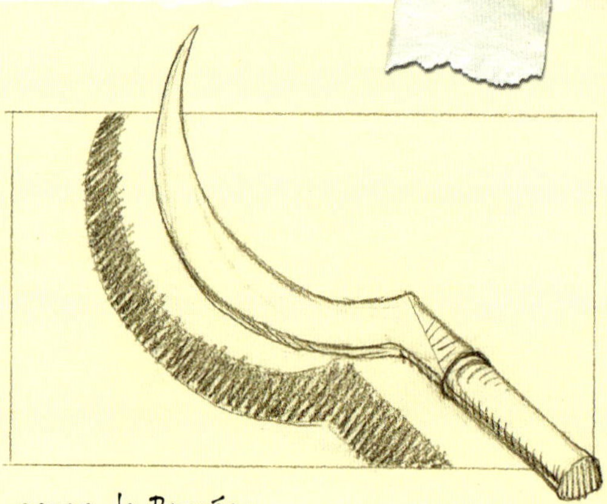
serpe de Persée

Les Gorgones étaient les trois filles de deux divinités marines qui vivaient aux confins du monde occidental, dans un fleuve qui entourait la terre nommé Océan. Selon la mythologie, c'était des femmes à l'aspect monstrueux : elles avaient une chevelure hérissée de serpents et une gueule où dépassaient des crocs de sanglier. Leurs mains et leurs pieds étaient en bronze et elles possédaient des ailes d'or qui leur permettaient de voler. Méduse, sœur d'Euryalé et de Sthéno, était la seule des trois à être mortelle mais elle possédait le terrible pouvoir de pétrifier de son regard tout être vivant osant la regarder droit dans les yeux.

Le pouvoir de Méduse était redouté des mortels et des dieux. Elle pouvait les transformer en pierre d'un seul regard. C'est pour cette raison que l'on confia à Persée la mission de la tuer afin de s'en libérer.

D'après d'autres versions, Méduse aurait été dans son adolescence une jeune fille très séduisante. Mais elle eut l'imprudence de rivaliser en beauté avec Athéna. La déesse, ne supportant pas cet affront, l'aurait alors transformée en monstre. Elle aurait ordonné ensuite à Persée de la tuer.

LES TROIS SŒURS

Les Gorgones vivaient dans l'Océan aux confins de l'univers, près du jardin des dieux où les Hespérides cultivaient des pommes d'or. Les Gorgones étaient surveillées par trois vieilles sœurs appelées les Grées. Dotées d'un unique œil qu'elles se partageaient à tour de rôle, elles épiaient tout ce qui pouvait arriver.

LA LÉGENDE DE PERSÉE

Ayant reçu l'ordre des dieux de tuer Méduse, Persée se dirigea vers le bout de la Terre. Les dieux l'équipèrent de chaussures magiques qui pouvaient le faire voler, d'un sac qui pouvait contenir à l'infini tout ce qu'on y mettait ainsi que d'un casque qui le rendait invisible. En chemin, il dut affronter les Grées qui veillaient sur la demeure des Gorgones. Il réussit à dérober l'œil unique des gardiennes et les obligea à lui montrer le chemin. Persée arriva jusqu'à l'antre de Méduse et attendit le sommeil de la Gorgone pour lui sauter dessus. Le bouclier offert par Athéna le protégea grâce à son aspect de miroir qui lui évita d'être changé en pierre. Il réussit à décapiter l'horrible créature à l'aide de sa serpe qui ne pouvait ni se casser ni se tordre. Du sang de Méduse naquit Pégase, le cheval ailé.

Les Gorgones font partie de la mythologie grecque.

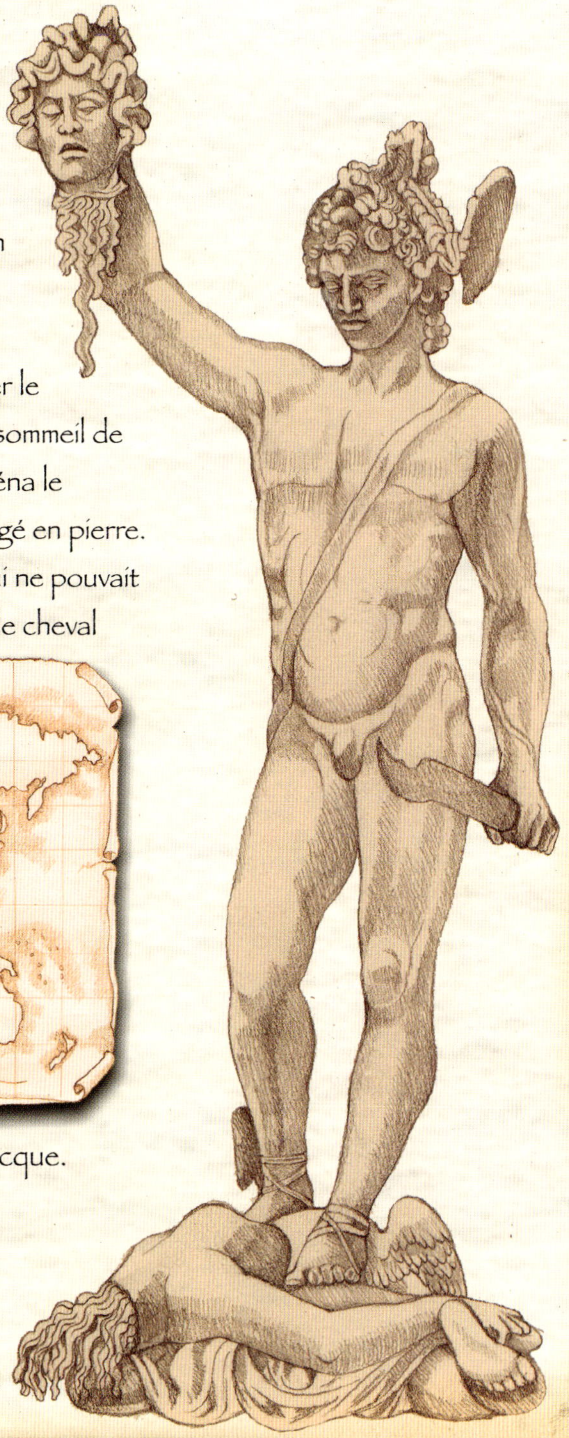

Persée tranchant la tête de Méduse avec une petite serpe très aiguisée offerte par le dieu Hermès.

PÉGASE

Sa naissance est associée à la mort de Méduse dont le sang aurait engendré le cheval ailé. Persée fut le héros qui tua Méduse. Il s'enfuit sur le dos de Pégase et sur le chemin du retour, trouva Andromède attachée à un rocher et condamnée à être dévorée par un monstre marin. Aidé de Pégase, il la sauva. Cette créature mythique, au corps de cheval et aux immenses ailes, ne se laissait pas approcher. Bellérophon, prince de Corinthe, réussit à le dompter grâce à une bride en or. Pégase devint la monture du héros et l'aida à affronter et vaincre la Chimère. Pégase s'envola vers l'Olympe où il se mit au service de Zeus. Pour le remercier, ce dernier le changea en une constellation d'étoiles.

Méduse

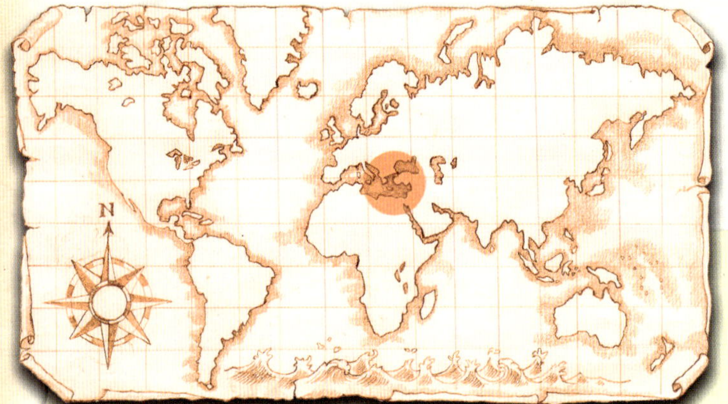

Une autre légende raconte que lorsque Persée décapita Méduse, Pégase sortit alors du corps de la Gorgone.
Le cheval ailé s'envola vers le ciel et devint la monture de Zeus.

Persée, à cheval sur Pégase, libère Andromède de ses chaînes.

Bellérophon, fils du roi de Corinthe, fut contraint de s'expatrier après avoir tué le tyran Belléros. Après avoir séduit la femme d'un roi, il fut contraint de combattre la Chimère. Il entreprit alors le redoutable exploit de chevaucher Pégase grâce à la déesse Athéna qui lui donna des rênes en or. Il réussit à détruire le monstre. Mais le téméraire Bellérophon, toujours sur sa monture, voulait atteindre l'Olympe et rejoindre les dieux. Le cheval ailé, effrayé par la foudre, désarçonna son cavalier et poursuivit seul sa montée vers l'Olympe. Une fois arrivé, il fut chargé par Zeus de lui fournir la foudre et les éclairs. En remerciement, Zeus fit de Pégase une constellation d'étoiles.

Monnaie corinthienne du IIIe siècle av. J.-C. représentant le cheval ailé.

Le mythe du cheval ailé fut très présent dans la civilisation corinthienne. Sa représentation était fréquente sur les pièces de monnaie en usage à l'époque.

NAISSANCE D'UNE SOURCE

Les exploits de Pégase ne s'arrêtent pas là. Peu après sa naissance, il donna un coup de sabot sur la roche d'une montagne nommée Hélicon où une source jaillit. Ce fut l'endroit consacré aux Muses, symbole de l'inspiration poétique.

LA LICORNE

Le mythe de la licorne est présent dans de nombreuses cultures. Elle a été représentée, à différentes époques, sous divers aspects. Cependant, sa caractéristique principale a toujours été l'unique corne qui ornait son front. Mais l'animal pouvait être un cheval (c'est la version la plus courante), un âne, un cerf, un bélier, etc. Dans l'Antiquité, la licorne était considérée comme un animal qui existait réellement. Elle était recherchée pour sa corne qui avait, soit disant, des pouvoirs thérapeutiques. Pendant très longtemps, la véracité de son existence ne fut pas démentie. De plus, cette croyance a été relancée grâce à la capture des premiers narvals qui possèdent une longue dent semblable à la corne d'une licorne. D'ailleurs, plus tard, les narvals ont été surnommés les licornes de mer.

dent de narval à structure hélicoïdale

Quelques centaines d'années avant Jésus-Christ, l'image de la licorne faisait partie de la mythologie grecque. Certains avancèrent l'hypothèse que cette créature aurait été inspirée par les bas-reliefs mésopotamiens où les bovins, vus de profil, ne montraient qu'une seule corne.

AU MOYEN-ÂGE

Pendant la période médiévale, la licorne était considérée comme un animal sauvage, solitaire et fier. Seule une jeune femme chaste et pure pouvait l'apprivoiser et la conduire au palais du roi.

La représentation la plus classique de la licorne est celle d'un cheval au pelage blanc muni d'une longue corne torsadée au milieu du front. Elle était le symbole de la pureté et de la chasteté.

un narval

À la fin du Moyen-Âge, le commerce de la corne de cet animal mythique fut propagé en Europe. En vérité, il s'agissait de dents de narvals qui avaient été pêchées dans les eaux du Nord. Beaucoup croyaient à l'existence de licornes capturées sur les terres orientales.

LA CORNE FRONTALE

Dans les temps anciens, les écrivains ont tenté de situer l'existence de la licorne en Inde ou dans le sud-est asiatique. Le seul animal qui pouvait éventuellement lui ressembler est le rhinocéros indien.
On dit que la corne d'une licorne pouvait mesurer plus de 2 mètres et avait des propriétés médicinales : anti-poison, antiseptique et anti-épileptique.

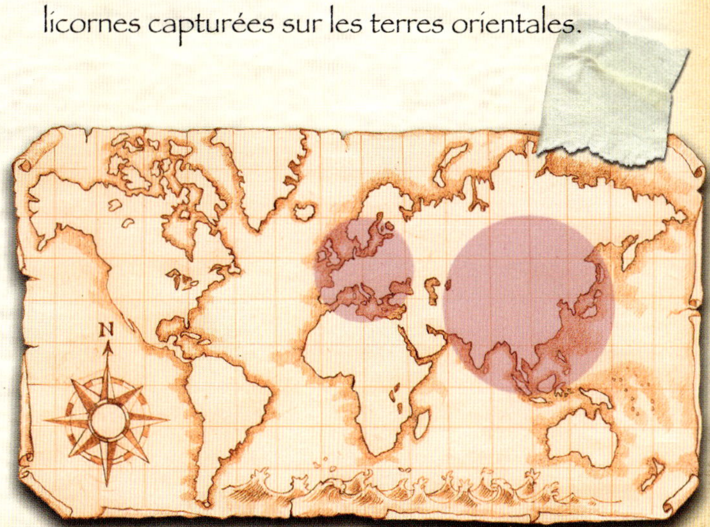

QUETZALCÓATL

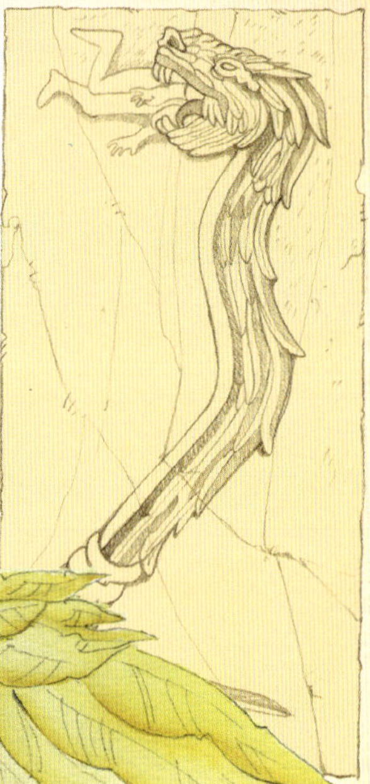

Le dieu Quetzalcóatl était représenté comme un immense serpent aux grandes ailes couvertes de plumes. Selon la mythologie aztèque, ce serpent serait à l'origine de la deuxième des cinq créations successives qui ont entraîné la naissance du monde. Vénéré comme l'un des ancêtres de la race humaine, Quetzalcóatl devint l'une des principales figures de la religion aztèque.

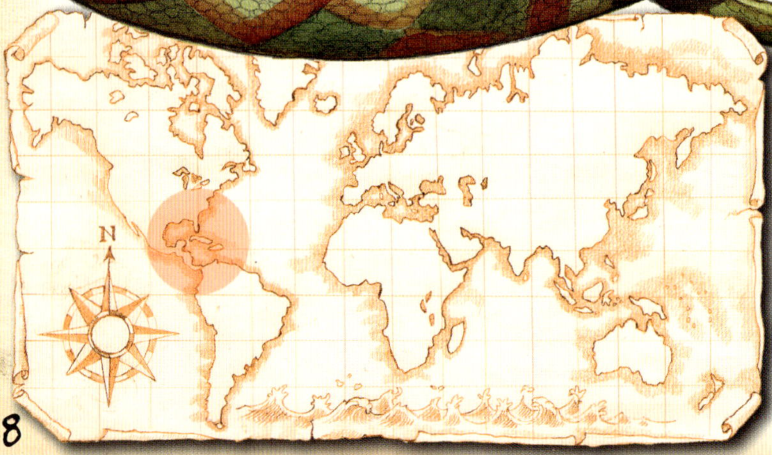

Le serpent à plumes Quetzalcóatl fut une importante divinité du monde des Aztèques, des Mayas et des Toltèques. Pendant longtemps, il fut un objet de culte en Amérique centrale, depuis les plateaux du Mexique jusqu'à la péninsule du Yucatan.

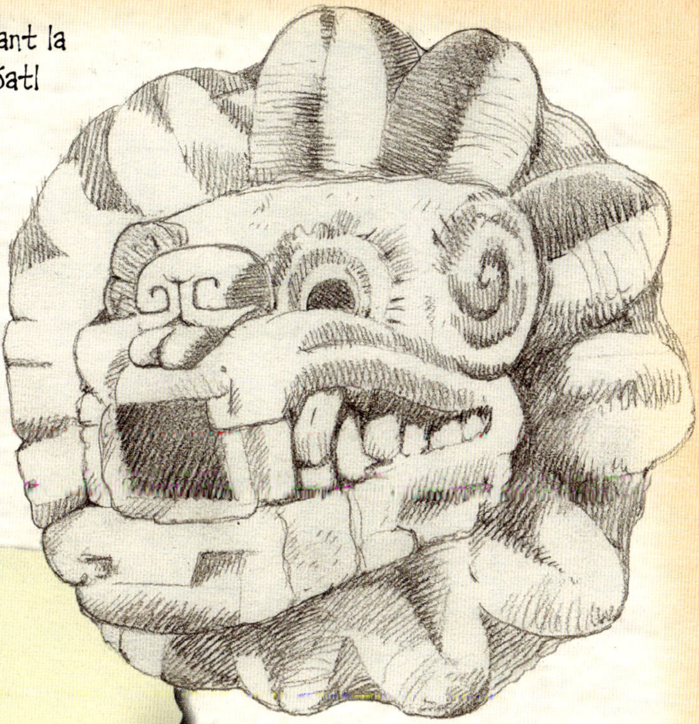

statue représentant la tête de Quetzalcóatl

Chez les Mayas, l'image du serpent à plumes était aimée et vénérée. On en fit de nombreuses représentations sous forme de statues et de bas-reliefs qui ornaient les temples. La représentation maya de Quetzalcóatl s'appelait Kukulcàn.

le roi aztèque Montezuma

MONTEZUMA

De nombreuses célébrations étaient faites à la divinité du serpent à plumes. Le roi aztèque Montezuma avait fait fabriquer un grand couvre-chef, avec des plumes d'oiseau quetzal, en l'honneur de Quetzalcóatl. Malheureusement, il lui fut volé par les conquistadors espagnols dirigés par Cortés.

LA LÉGENDE

Selon la légende, le monde aurait été créé cinq fois et aurait subi quatre destructions. Pendant la deuxième création, le serpent à plumes est devenu le plus puissant des dieux. Mais il fut abattu et emporté hors de ce monde par un terrible ouragan.

LA CHIMÈRE

Ce monstre de la mythologie grecque serait né des amours du monstre Typhon et de la vipère Echidna. Sa silhouette était composée de trois animaux différents : le lion, la chèvre et le serpent.
On la représentait de deux manières : soit avec un corps de chèvre, une tête de lion et une queue de serpent, et dans ce cas, la bête possédait deux têtes ; soit elle avait un corps de lion mais possédait trois têtes, une pour chaque animal.

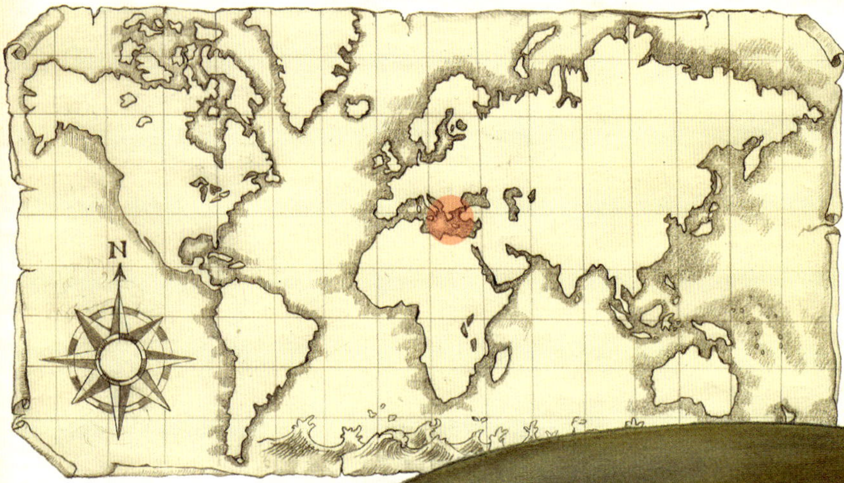

Sa plus ancienne représentation vient de la civilisation mycénienne.
Le monstre aurait été vu pour la première fois en Lycie, sur les côtes de l'actuelle Turquie. Sous des aspects différents, la bête apparaît dans de nombreuses civilisations du bassin méditerranéen.

Dans certaines représentations de l'époque romane, la Chimère apparaît avec trois têtes sortant d'un cou unique et munie d'immenses ailes.

Dans *l'Iliade*, une œuvre du poète Homère, la monstrueuse Chimère était d'origine divine. Ce terrible animal, capable de cracher du feu, terrorisait les habitants des côtes de la Lycie en Turquie. Elle fut combattue par le héros Bellérophon qui parvint à la tuer avec l'aide de Pégase, le cheval ailé.

monnaie grecque du IVe siècle av. J.-C.

Bellérophon terrassant la Chimère.

Selon la légende, Bellérophon aurait réussi à tuer la Chimère grâce à sa lance dont la pointe était en plomb. La créature s'est défendue en crachant du feu et le plomb a fondu au fond de sa gorge et s'est solidifié. Elle est morte étouffée.

LA CHIMÈRE D'AREZZO

L'une des représentations les plus célèbres de la Chimère est une statue de bronze datant de l'époque étrusque. Sa provenance est prouvée par une inscription gravée sur la patte droite de l'animal.

LE CYCLOPE

Dans la mythologie grecque, deux versions de cyclopes ont été écrites. En premier lieu, le poète Homère nous parle de cyclopes dont le plus célèbre est le géant Polyphème. Il raconte dans ses poèmes épiques que le grand voyageur Ulysse et ses compagnons abordèrent les îles où vivaient ces géants et croisèrent la route de Polyphème. En second lieu, il y eut les trois fils gigantesques du dieu Ouranos, connus pour leur habileté à forger les métaux. Leur épopée est racontée par Hésiode.

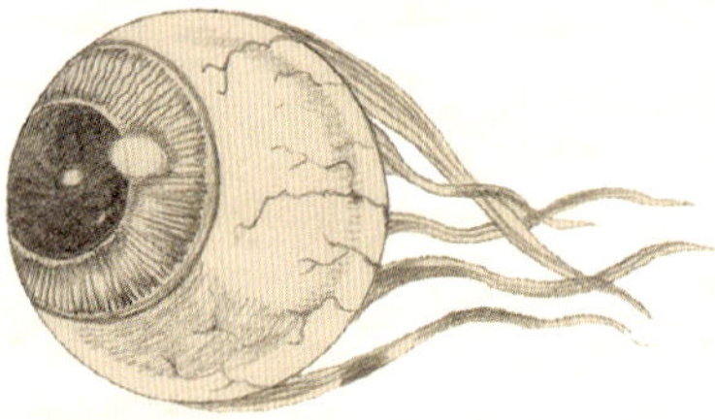

Les cyclopes étaient en général représentés avec un seul œil placé au milieu du front.

Les cyclopes contés par Homère vivaient en Sicile. D'autres pouvaient habiter sur des îles volcaniques disséminées dans la Méditerranée.

Dans les contes d'Homère, les cyclopes sont décrits comme des géants rudes et primitifs. Violents, sauvages et cannibales, ils vivaient avec leur bétail dans des grottes froides et lugubres. D'ailleurs, Ulysse et ses compagnons de route furent prisonniers dans la caverne de Polyphème. Grâce à l'intelligence et la ruse d'Ulysse, ils réussirent à se sauver.

Ulysse offrant du vin à Polyphème.

Dans l'Odyssée, le poète Homère narre la rencontre d'Ulysse avec le redoutable Polyphème. Prisonnier avec ses compagnons, Ulysse réussit à donner du vin à Polyphème qui, sous l'emprise de l'alcool, s'endormit. Ulysse profita de son sommeil pour l'aveugler en lui plantant un pieu dans l'œil. Ils purent ainsi s'enfuir.

LES TROIS FRÈRES

D'après Hésiode, les trois fils d'Ouranos faisaient partie de la plus ancienne lignée des cyclopes. Ils se nommaient Stéropès, Brontès et Argès. Quand leur père perdit son pouvoir, les trois fils furent enfermés dans un monde souterrain par le cruel titan Cronos.

Zeus, le propre fils de Cronos, les libéra et leur demanda de participer à la guerre contre les Titans. Les cyclopes, très habiles au travail des métaux, durent forger les armes du souverain de l'Olympe. Ils parvinrent à la victoire.

Depuis cette bataille, les trois cyclopes auraient forgé la foudre de Zeus, le casque d'Hadès qui le rend invisible et le trident de Poséidon.

Un des trois cyclopes façonnant les armes de Zeus.

LE GRIFFON

C'était une créature fantastique au corps de lion avec la tête et les ailes d'un aigle. Les premières représentations de l'animal furent découvertes sur des bas-reliefs mésopotamiens, où on pouvait le voir dessiné aussi avec une tête de lion et les serres d'un aigle. À la même époque, en Égypte, il était plutôt symbolisé avec une tête de rapace et un corps de félin. L'alliance de ces deux animaux donnait à cette créature une impression de force et de domination absolue sur Terre comme dans le ciel. À l'époque grecque, le mythe du griffon était relié à celui d'un légendaire gardien de mines d'or. Les premiers chrétiens avaient très peur du griffon et le considéraient comme un monstre diabolique. Mais à la fin du Moyen-Âge, il symbolisa peu à peu la force et la protection. C'est pourquoi, son image est très souvent représentée sur les armoiries et on le retrouve sous forme de gargouille sur les églises gothiques.

Le griffon dans sa représentation classique : tête d'aigle, puissantes ailes et pattes de lion avec des serres.

le griffon à tête de lion sur un bas-relief de Suse

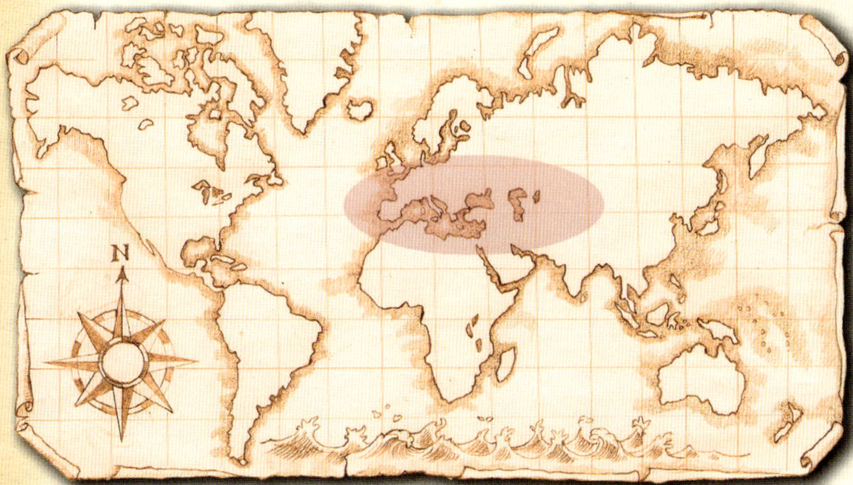

Nous retrouvons l'image du griffon dans tout le bassin méditerranéen et au Moyen-Orient.

ALEXANDRE LE GRAND

Selon une légende médiévale, quatre griffons auraient contribué à la gloire d'Alexandre le Grand.
À bord d'une nacelle attachée aux flancs des animaux, il les aurait appâtés avec de la viande au bout d'une lance et serait parvenu ainsi à s'élever très haut dans le ciel pour surplomber l'immense étendue des terres.

Le griffon a toujours été cité comme un animal mythique. Même Marco Polo en a parlé ! Ce grand voyageur raconte avoir aperçu la présence du griffon dans l'île de Madagascar. L'animal qu'il décrivit ressemblait énormément à un aigle gigantesque aux immenses ailes déployées, capable de soulever un éléphant.

L'HIPPOGRIFFE

Il était représenté comme un grand cheval ailé à tête d'aigle dont les pattes étaient très particulières : les pattes antérieures étaient munies de serres de rapace et les postérieures avaient des sabots. Cette créature mythique faisait penser à un griffon dont on aurait remplacé le corps de lion par celui d'un cheval. Une bête semblable avait déjà été décrite par le poète Virgile. Une monture ailée, semblable à l'hippogriffe, aurait pu être utilisée dans les exploits d'Alexandre le Grand. Dans son œuvre le *Roland furieux*, le poète l'Arioste raconte comment le héros Astolphe aurait chevauché un hippogriffe jusqu'au seuil du paradis terrestre.

L'hippogriffe fait partie de la tradition mythique européenne.

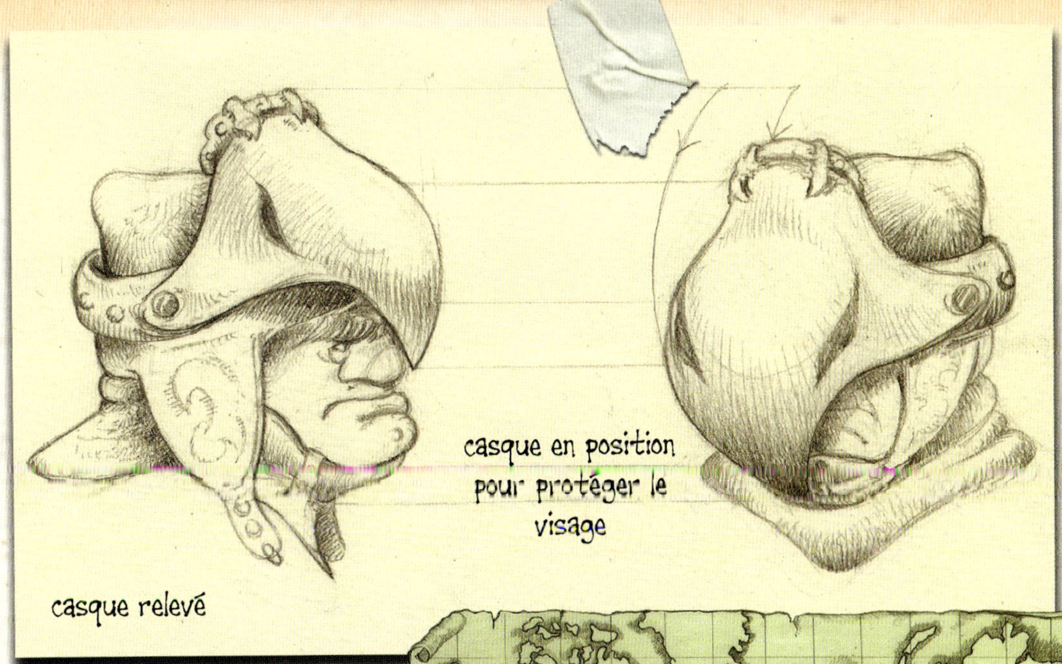

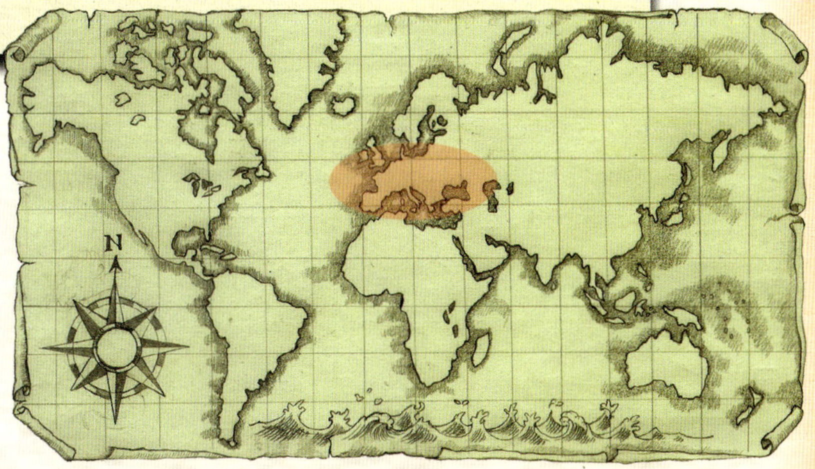

LES HEAUMES

Le heaume est un grand casque qui protégeait la tête et le visage des hommes d'armes du Moyen-Âge. La forme très particulière du bec de l'hippogriffe a inspiré les costumes de la littérature fantastique moderne.

La description de l'hippogriffe apparaît dans un poème épique appelé le *Roland furieux*. Le héros Astolphe, chevauchant une superbe créature ailée, alla sur la Lune à la recherche de ce qu'il avait perdu sur Terre. L'Arioste, auteur du poème, nous parle d'un cheval ailé à la tête d'aigle. Cette description ressemble beaucoup à celle de l'hippogriffe ou du moins à une créature croisée d'un cheval avec un griffon.

LE DRAGON DE CHINE

La figure mythologique du dragon apparaît dans de multiples cultures. En Occident, cette créature est souvent représentée comme un grand serpent dont la peau était recouverte d'écailles. Il possède des ailes et des pattes et crache du feu par la gueule. Le dragon est l'un des douze animaux symbolisés dans le zodiaque chinois. Il représente la puissance impériale. Le dragon de Chine a l'aspect d'un long serpent aux pattes munies de griffes. Son corps est plutôt fin bien que sa tête soit celle d'un lion. C'est la représentation la plus courante. Dans de rares cas, il peut aussi porter une paire d'ailes. Parmi ses nombreuses variantes, le dragon peut avoir une tête de cheval, un museau portant des moustaches et le dos recouvert d'épines saillantes.

Le dragon de Chine représentait le pouvoir spirituel suprême. Il faisait partie des animaux qui avaient en charge de garder et surveiller les quatre points cardinaux afin de les protéger des esprits néfastes.

Selon la tradition, il symbolise la sagesse et la force et représente le printemps.

dragon chinois classique

Créature aquatique par excellence, le dragon vivait dans des environnements marins ou le long des rives des fleuves ou des lacs. À chaque fois que l'animal s'élevait dans le ciel en posant ses pattes sur les nuages, il se mettait à pleuvoir sur Terre. Pour rendre grâce à ces bienfaits, on organisait des festivités de remerciement. Encore aujourd'hui, en Chine, lors des défilés traditionnels, un long dragon de tissu est promené dans les rues, soutenu par de nombreux hommes qui l'actionnent par en-dessous.

Un dragon typique sortant de l'eau, son habitat naturel.

Le mythe du dragon est présent dans toute la Chine.

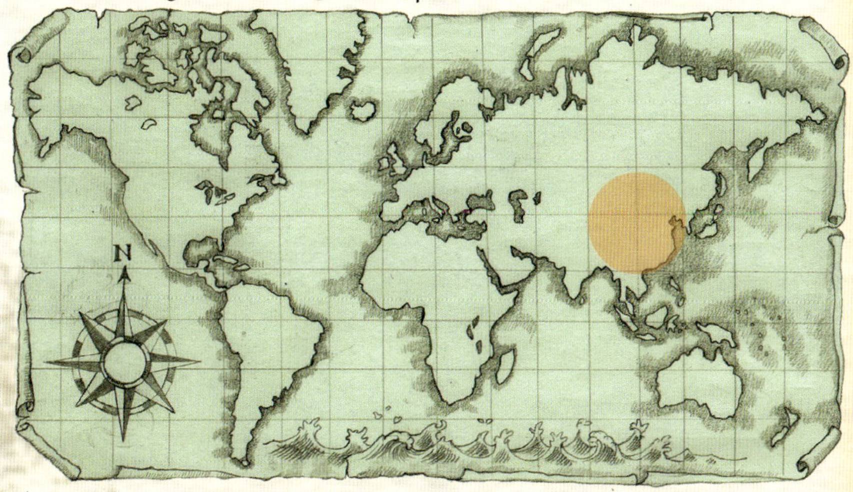

L'EMPEREUR ET LE DRAGON

Selon une ancienne légende, un dragon montra à l'empereur un cercle divisé en deux parties qui représentaient le Yin et le Yang. Ce symbole indique l'action conjuguée des forces de la nature qui s'unissent pour former l'univers. Leur équilibre régit les lois qui gouvernent et ordonnent tous les événements.

dragon de la pluie pendant un défilé

LA MANTICORE

Manticore représentée sur une bannière.

Á l'époque médiévale, en Inde, il existait une monstrueuse créature appelée Manticore.
Ce nom semble provenir de l'ancienne langue parlée en Perse qui signifiait « dévoreuse d'hommes ».
La Manticore avait une tête quasi-humaine dont le corps robuste était celui d'un lion muni d'une queue de scorpion.
Apparemment, on peut remarquer une certaine similitude avec le sphinx égyptien mais la bouche de la Manticore possédait plusieurs rangées de dents sur chaque mâchoire, lui donnant un air plus monstrueux.
Son imposante taille ne gênait en rien sa grande agilité.
On disait que la bête pouvait sauter par-dessus les fossés les plus larges.

Toutes les descriptions de la Manticore s'accordent sur son appétit vorace dont le menu était principalement des hommes.

LES RÉCITS DE CTÉSIAS

Les premières allusions sur l'aspect de la Manticore remontent au Ve siècle av. J.-C. grâce aux mémoires de Ctésias, un voyageur grec qui est allé en Inde et en Perse. Malheureusement, il ne reste de son œuvre que des fragments ou des résumés.

Selon Aristote, un philosophe grec, la créature aurait émis de véritables sons, certains ressemblant à ceux de notre propre voix.

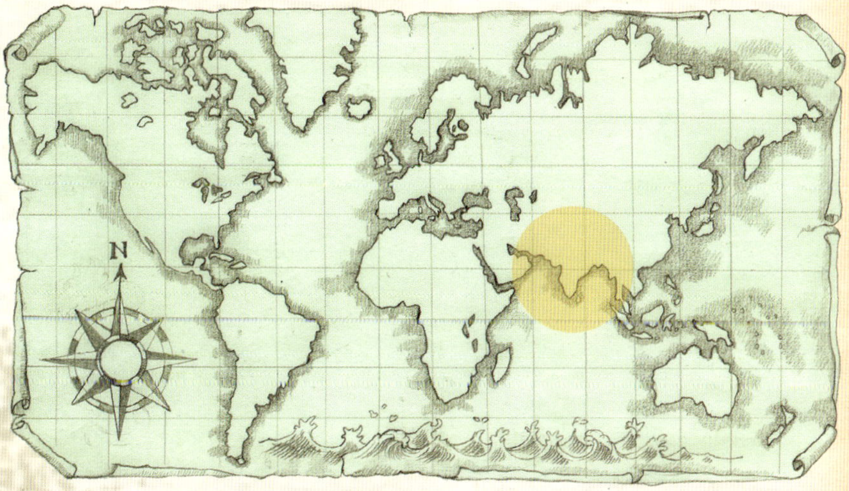

D'après la légende médiévale, la Manticore était une créature monstrueuse qu'on ne pouvait trouver que dans la péninsule indienne.

LA QUEUE DE LA MANTICORE

D'après les descriptions, sa queue est très proche de celle du scorpion. À son extrémité, se trouvait un aiguillon avec lequel la Manticore pouvait piquer ses proies.

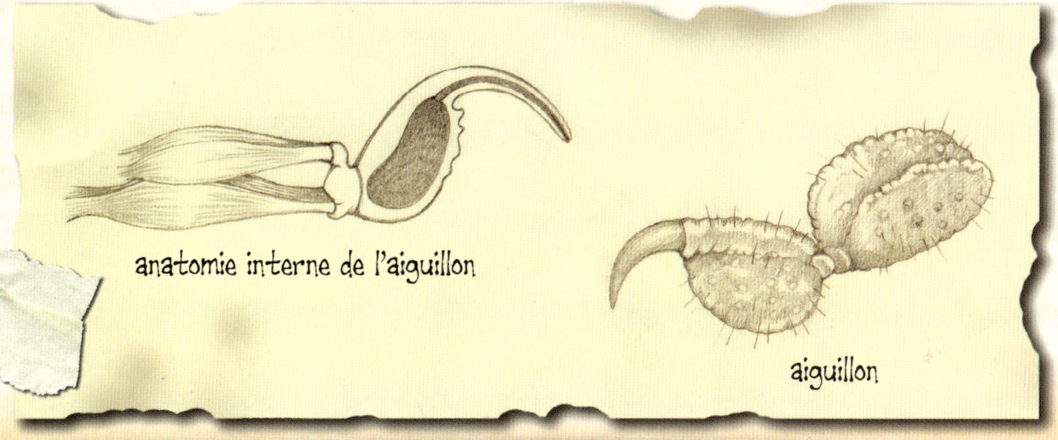

LE BASILIC

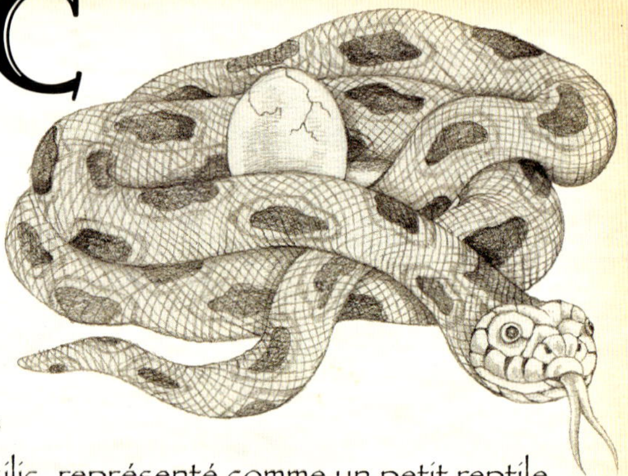

Les origines de cette monstrueuse créature mythique sont très anciennes. Dans les premiers récits de Pline l'Ancien, écrivain de l'époque de la Rome antique, il avait décrit le basilic comme une sorte de serpent venimeux, capable de tuer toute forme de vie avec son haleine ou son regard. Le nom « basilic », dans l'ancien langage grec, signifiait « roi » et suffisait à mesurer l'extraordinaire pouvoir de son venin. Pendant l'époque médiévale, l'aspect du basilic, représenté comme un petit reptile, évolua à celui d'un monstre mythologique ressemblant à un coq à queue de serpent. Il pouvait tuer un homme avec son seul regard et devint toujours plus grand et puissant. De plus, il pouvait cracher des flammes. Dans les histoires fantastiques plus récentes, la bête est représentée avec quatre paires de pattes et une crinière d'épines hérissées. De nos jours, il existe un petit lézard inoffensif mais à l'air féroce qui s'appelle basilic.

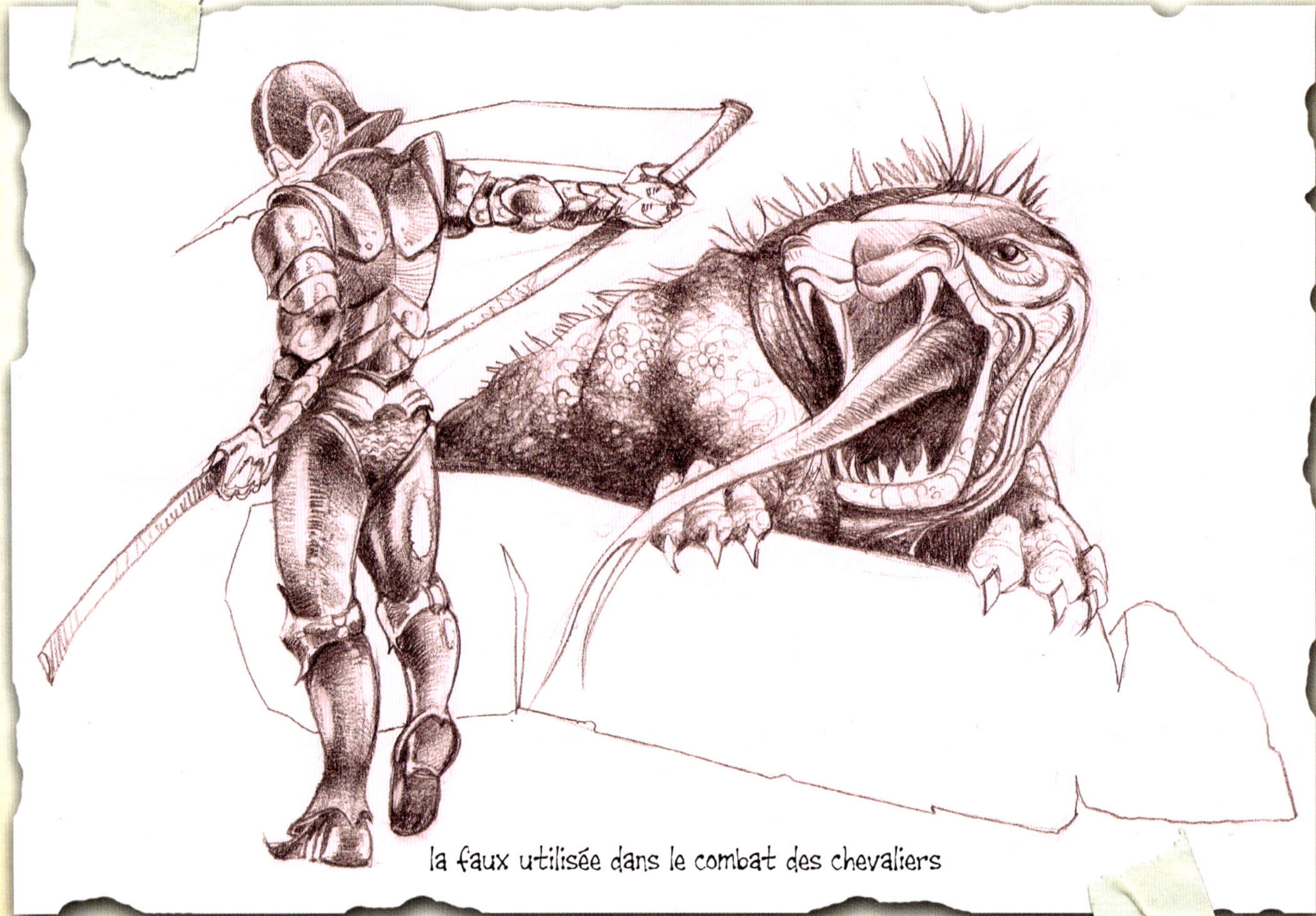

la faux utilisée dans le combat des chevaliers

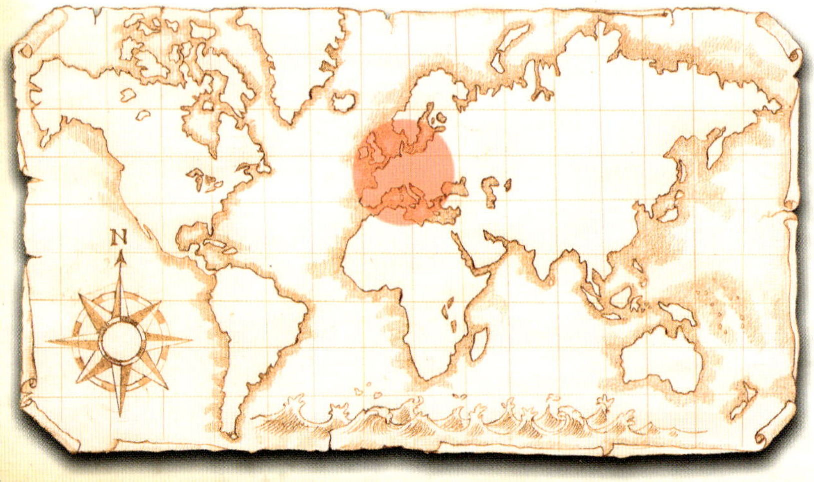

LES ORIGINES DU BASILIC

De l'époque médiévale, on a retenu que le basilic naissait d'un œuf déposé par un coq et fécondé ensuite par un serpent. Cet œuf était ensuite couvé par un crapaud jusqu'à ce qu'il éclose. La créature qui en sortait possédait certaines parties du corps de ses géniteurs.

UN GRAND PRÉDATEUR

Parmi les légendes médiévales, Alexandre le Grand aurait affronter et tuer quelques basilics. Il utilisait le pouvoir réfléchissant de son armure pour renvoyer le fluide vénéneux de leur propre regard vers eux. D'autres guerriers ont affronté la bête avec des armes plus classiques, dont une longue faux qui, soit disant, était la plus efficace.

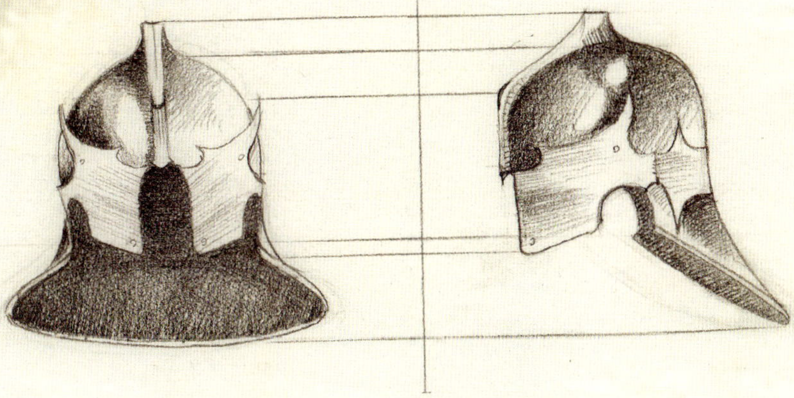

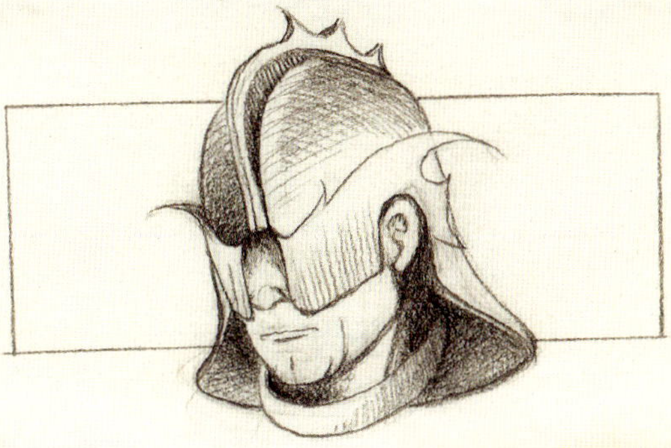

LE CASQUE ET LA FAUX

Le casque du chasseur de basilic avait une forme particulière. Une visière de métal brillant couvrait les yeux pour les protéger du regard mortel de la bête. Seuls le nez et les oreilles étaient découverts pour permettre au guerrier de localiser le basilic en utilisant ses autres sens.

LA COCKATRICE

C'était une créature monstrueuse dont le corps était celui d'un coq muni d'immenses ailes et d'une queue de reptile. Cette représentation la rend très proche des descriptions médiévales du basilic avec qui elle pourrait avoir des ancêtres communs. Traditionnellement, le coq et le serpent sont des animaux qui sont souvent représentés dans les créatures mythologiques. On dit que le regard de la cockatrice, même morte, pouvait pétrifier les êtres vivants. Selon certains récits datant du IXe siècle, le sang qui coulait de la tête tranchée de Méduse serait à l'origine de serpents capables d'engendrer le basilic et la cockatrice.

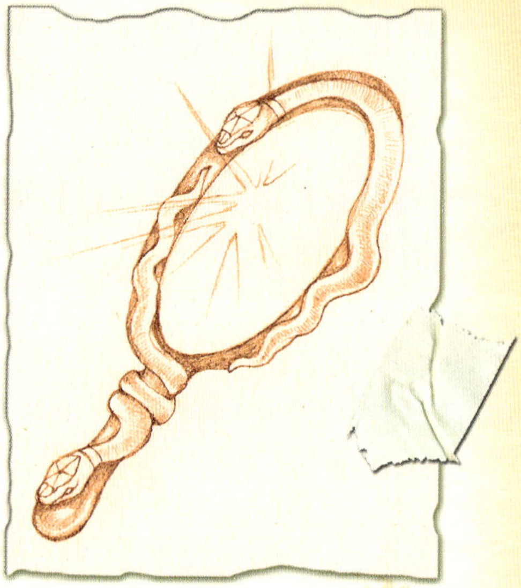

La meilleure arme contre le pouvoir de la cockatrice était un miroir qui lui renvoyait son regard maléfique.

La cockatrice passait beaucoup de temps posée sur les branches des arbres. D'en haut, elle attendait patiemment à l'affût le passage de ses victimes qu'elle éliminait de son haleine fétide.

Dans des régions du nord de la France, on raconte qu'un petit serpent est sorti d'un œuf de coq. Au bout de sept ans, il fut en mesure de s'envoler. Cette créature fut appelée Codrille.

Si nous nous référons à la tradition, la cockatrice est née d'un œuf de coq arrivé à maturation grâce à la chaleur du fumier. Quelques textes disent que l'œuf a été couvé par un crapaud. L'animal qui en sortit après éclosion avait toutes les particularités du coq et du serpent. Cette hypothèse ressemble énormément à la naissance du monstre basilic de l'époque médiévale.

Celui qui trouvait un œuf de cockatrice devait faire bien attention à ne pas le manger car il pouvait avoir une très mauvaise surprise.

L'ŒUF PRÉCIEUX

L'œuf de la cockatrice possédait une coquille très résistante. Cette particularité a été reprise dans la fabrication de différentes coupes destinées à des expériences de magie. On dit qu'une coquille bien « traitée » résistait au feu et ne pouvait pas se dissoudre au contact des poisons classiques.

La cockatrice, directement apparentée au basilic, est un monstre de la culture européenne. Son lieu de naissance pourrait coïncider avec le désert de Libye, où a coulé le sang de Méduse qui aurait engendré les premiers basilics, ses ancêtres.

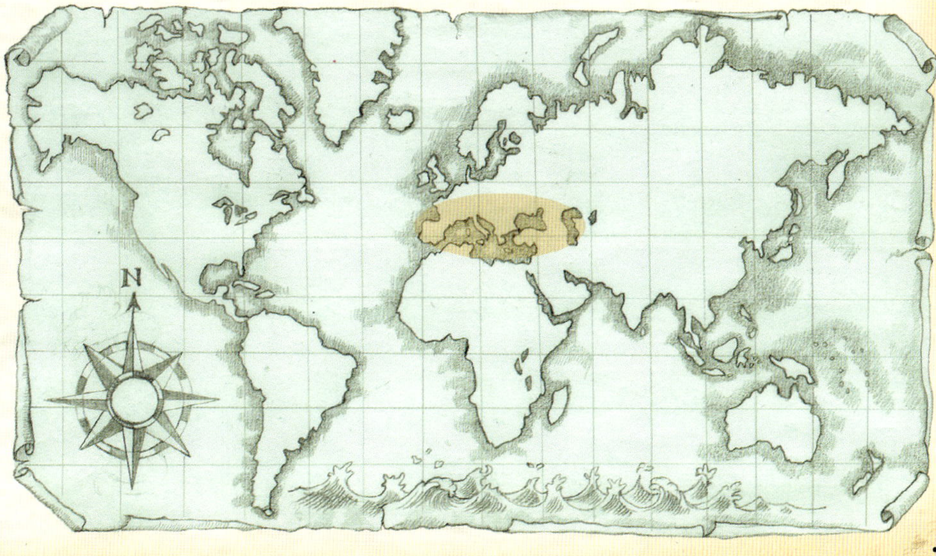

LAMIA

Zeus, toujours sensible au charme féminin, tomba amoureux d'une superbe femme libyenne du nom de Lamia.
Le plus puissant des dieux de l'Olympe perdit la tête pour cette jeune reine, au point d'attirer la colère de sa légitime compagne Héra. La jalouse Héra se vengea en assassinant tous les enfants du couple.
Lamia, éperdue de chagrin, enleva les fils de sa rivale pour les tuer. Sa beauté se métamorphosa alors rapidement et son aspect devint celui d'une créature féroce et sanguinaire.

Lamia, jeune et belle, métamorphosée en une créature monstrueuse à force de dévorer les enfants.

Dans les récits mythiques, Lamia aurait été une très belle femme de Libye.

Lamia serait à l'origine des vieilles sorcières chevauchant leur manche à balai.

LES SORCIÈRES

Durant l'époque médiévale, l'image de Lamia devint synonyme de sorcière. Pendant des siècles, les tribunaux de l'Inquisition poursuivirent et condamnèrent de très nombreuses femmes accusées de sorcellerie. On croyait que les sorcières entretenaient des relations avec le diable et, pour cette raison, elles étaient torturées puis brûlées sur un bûcher.

Les lamias font partie de la mythologie grecque. Leur image montre des créatures démoniaques assoiffées de sang et de corps d'enfants dont elles se nourrissaient.

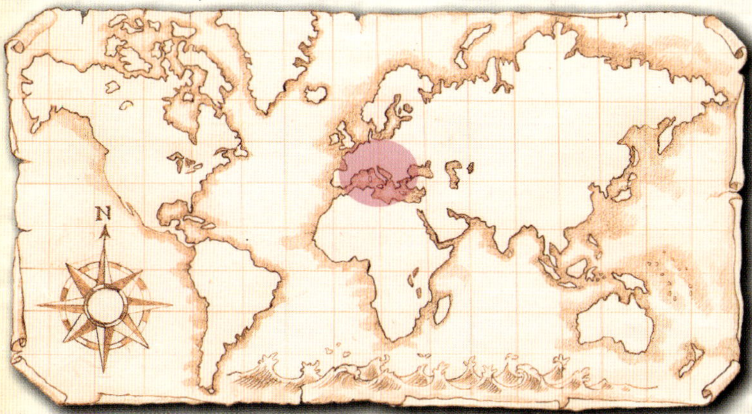

D'après la mythologie grecque, les dieux de l'Olympe avaient de fréquents contacts avec les êtres humains. Souvent, les dieux et les mortels avaient des relations amoureuses, comme Zeus qui se lia à la très belle Lamia. Beaucoup de ces évènements nous sont narrés par le grand poète Homère. Avant lui, un grand poète, nommé Hésiode, a décrit dans un recueil intitulé *théogonie*, l'arbre généalogique de l'Olympe.

LA SIRÈNE

Dans les temps très anciens, les sirènes étaient représentées comme des êtres à tête humaine et à corps d'oiseau. Ulysse comme Jason croisèrent ces étranges créatures et durent fuir leur chant fatal. Au cours du temps, leur aspect changea : leur corps d'oiseau se substitua à un buste féminin, avec des bras et des seins dont la queue était celle d'un poisson. Ces modifications décrites sont confuses et reliées à des épisodes de la mythologie qui souvent se contredisent. On dit que leur forme initiale était celle d'une femme et que la queue de poisson était en étroite relation avec leur vie sous-marine.

une sirène à la silhouette séduisante, avec un corps de femme et une queue de poisson

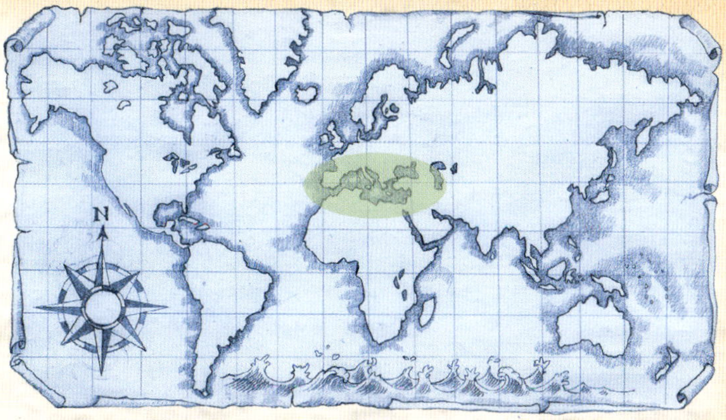

Selon les auteurs latins, les sirènes vivaient près de petites îles rocheuses non loin de Capri, île italienne. Le poète Homère raconte dans son œuvre l'Odyssée le passage d'Ulysse près des côtes de ces récifs. Les précédents voyageurs auraient été Jason et les Argonautes.

Jason et les Argonautes entendirent le chant des sirènes en passant tout près de leur île. Mais la douce musique du dieu Orphée empêcha les marins de se jeter à l'eau, tentés de rejoindre les sirènes.

Après avoir quitté Circée, Ulysse passa également à proximité de l'île des sirènes. Avisé du danger, le héros demanda à ses marins de se boucher les oreilles avec de la cire. Voulant cependant écouter leur chant irrésistible, il se fit ligoter au mat de son navire pour ne pas être tenté de se jeter à l'eau.

LES RÉCITS LATINS

L'écrivain Ovide raconte que les sirènes, nymphes de Proserpine, n'ont pas pu éviter son enlèvement par Pluton. Elle devint la reine des Enfers. Déméter, désespérée par la disparition de sa fille, punit les sirènes en les changeant en oiseaux à tête de femme.

LES HARPIES

Selon la mythologie grecque, ces monstrueuses créatures étaient trois sœurs à l'horrible visage de femme dont le corps et les griffes acérées étaient ceux d'un rapace. D'après les premiers récits, on les comparait aux vents des tempêtes déchaînées qui coulaient les bateaux et elles devinrent peu à peu des divinités infernales. De nombreux auteurs grecs et romains nous parlent des Harpies et décrivent leur caractère malveillant et cruel. Elles avaient la réputation d'être féroces et d'enlever les vivants ainsi que les âmes des morts.

harpie sur son perchoir

Un témoignage des Harpies nous vient du grand poète Dante. Pendant sa descente aux enfers, il rencontra ces horribles créatures perchées sur des branches d'arbres. Elles sont décrites comme des êtres au cou et au visage humain, aux pieds dotés de serres, au ventre emplumé et portant des ailes. Les Harpies dantesques punissaient les morts en faisant plus souffrir ceux qui s'étaient suicidés en les contraignant à une existence végétative.

Chassées du palais de Phinée, les Harpies auraient fui et fait leur nid près des îles Strophades, dans la mer Égée, au sud de la Thessalie. On dit aussi qu'elles se seraient peut-être réfugiées dans l'île de Crète, sous la terre.

le navire Argos et son équipage

Les premiers qui rencontrèrent les Harpies furent les Argonautes. Le devin Phinée, rendu aveugle par Zeus pour avoir révélé aux hommes leur destin, demanda aux héros de le libérer des persécutions constantes des Harpies. Ces odieuses créatures passaient leur temps en vol à dérober la nourriture de la bouche et des mains du pauvre vieillard tout en y faisant leurs excréments. Les Harpies furent chassées par les Argonautes Zétès et Calaïs, fils ailés de Borée, le dieu grec du Vent du nord.

La mission des héros était périlleuse et ils auraient perdu la vie si les Harpies n'avaient pas fui le combat. Il fut conclu un accord : Hermès, le messager de Zeus, demanda aux Argonautes d'arrêter les poursuites ; en contrepartie, les Harpies promirent de laisser Phinée tranquille.

PARMI LES PLUS CÉLÈBRES

L'une des représentations les plus connues des Harpies est dessinée sur une fresque de l'acropole Xanthos en Asie Mineure : des créatures ailées, au buste de femme et à queue d'oiseau, emportent les âmes des morts.

harpie prête à prendre son envol

Le Golem

C'était un être légendaire appartenant à la culture juive. Le corps du golem, dont la forme était humaine, était sculpté dans l'argile. Il prenait vie grâce à une formule magique que son créateur lui glissait dans la bouche ou le cœur sous forme d'un parchemin ou d'une amulette. Le secret du golem était dans la formule magique capable de transformer une masse sans vie en une créature animée. Très peu de sages connaissaient les mots mystérieux qui pouvaient accomplir un tel prodige. Une fois la créature en vie, elle n'obéissait qu'à son créateur qui pouvait la contrôler grâce à la formule placée dans son corps.

Habituellement, le golem est un géant de sexe masculin. Dès qu'on l'animait, son corps commençait à grandir jusqu'à devenir immense. Ceci dit, dans les anciennes légendes, il y aurait eu un golem dont le corps aurait été celui d'une femme.

LE POUVOIR MAGIQUE

Deux autres façons d'animer le golem existaient. La première est par la parole : le créateur épelait certaines lettres et le golem prenait vie. Si les lettres épelées étaient mélangées, il redevenait statue d'argile. La deuxième est l'inscription sur son front du mot hébreu « emet » qui voulait dire « la vérité » : le golem s'animait. Quand on effaçait la première lettre, il ne restait que le mot « met » qui voulait dire « la mort » et le golem se détruisait.

LE GOLEM DE PRAGUE

L'une des légendes les plus connues est celle du golem de Prague : pendant une époque de persécution de la communauté juive, le rabbin Loew décida de défendre les habitants du ghetto aidé d'un immense golem. Mais le monstre d'argile échappa au contrôle de son créateur et erra dans la ville jusqu'à ce qu'un enfant ait pu réussir à lui ôter la formule magique qui le maintenait animé.

La construction du golem faisait partie d'un rituel secret. Seuls très peu de sages connaissaient la mystérieuse formule qui donnait vie au géant. Celui qui pouvait animer un golem en devenait alors le maître absolu.

Le golem appartient à la culture hébraïque. Son mythe était déjà connu à l'époque médiévale dans de nombreuses communautés dispersées en Europe.

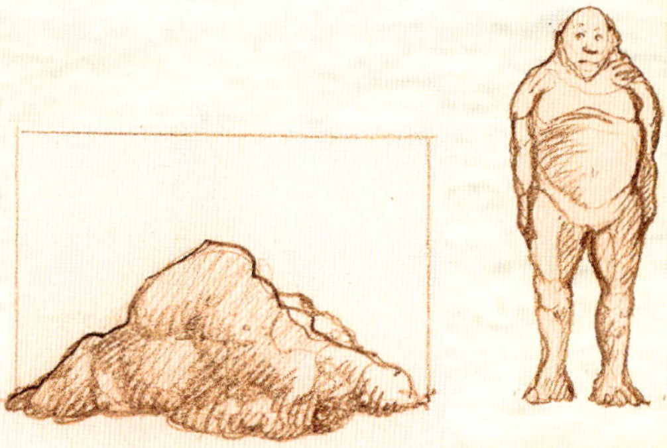

le golem modelé dans l'argile

LE KITSUNE

Le renard Kitsune est un personnage mythologique de la tradition japonaise. L'animal était capable de prendre une forme humaine, surtout féminine, et d'entrer en contact avec le monde des hommes. Sous cet aspect, il était très dangereux et exerçait des pouvoirs maléfiques. Parfois, surtout quand il était jeune, le Kitsune ne parvenait pas à prendre l'apparence humaine et tentait de lui ressembler malgré tout en se déguisant. La couleur de son pelage variait en fonction de son âge. Pendant les cinq premiers siècles de son existence, le renard était roux puis devenait blanc et restait ainsi environ mille ans. Puis, sa couleur passait au doré alors que les pouvoirs de l'animal ne cessaient de croître avec le temps.

Le renard Kitsune était capable de prendre l'apparence d'une jolie jeune fille. Sous cet aspect, il se laissait admirer et courtiser par les hommes. Quand il avait obtenu de leur part toutes les attentions souhaitées, il abandonnait ses admirateurs en provoquant une profonde déception et de grandes incompréhensions.

Le nombre de queues du Kitsune était associé à son âge. On ne connaît pas vraiment leur mode de croissance mais on dit que le renard en possédait neuf quand il avait atteint l'âge d'un millier d'années.

LE JAPON ET LA CHINE

Bien que le renard Kitsune soit une créature de la mythologie japonaise, les chinois, eux aussi, attribuent au renard un bon nombre de légendes.

LA DÉESSE DU RIZ

Dans tout le Japon, on connaît l'image d'Inari, la déesse du riz. Selon la tradition, cette créature avait l'allure d'un renard à l'apparence humaine et était accompagnée d'un renard au pelage blanc.
La légende raconte que le premier homme qui a cultivé le riz s'appelait Hikitsune. Ce nom, très semblable à celui du renard, aurait transformé cet animal hostile aux hommes en un symbole bienveillant.

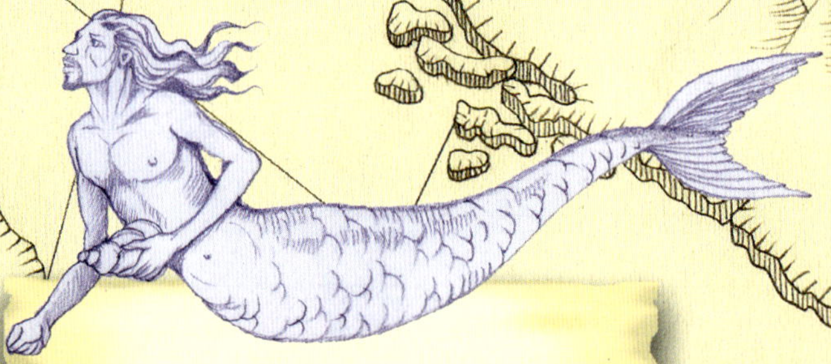

TRITON, mi-homme mi-poisson, maîtrisait les tempêtes des océans en soufflant dans une conque.

Le cyclope géant POLYPHÈME perdit son unique œil sous les coups d'Ulysse qu'il voulait dévorer.

LES HARPIES, terribles oiseaux rapaces au visage monstrueux de femme qui terrorisaient les navigateurs.

LA MYTHOLOGIE GRECQUE

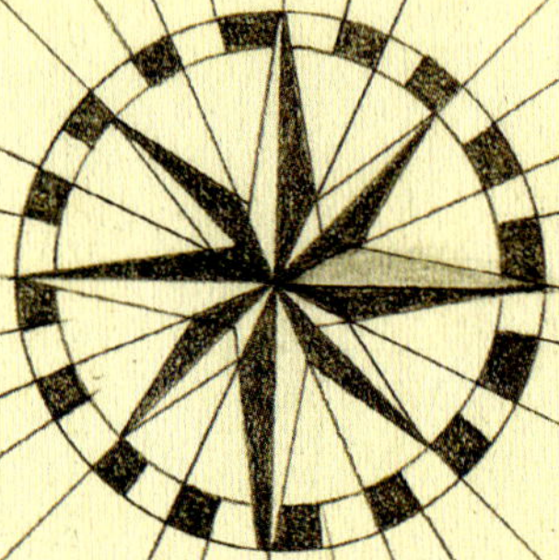

Les mythes de la Grèce antique nous sont parvenus grâce aux œuvres d'Homère et d'Hésiode. Ces deux auteurs récoltèrent les histoires et les légendes transmises oralement de génération en génération, en les enjolivant de détails. Les dieux de l'Olympe, en s'unissant aux mortels, auraient engendré une nombreuse descendance de monstres et de personnages mythologiques capables d'intervenir dans les existences humaines.

LES CENTAURES, au buste d'homme et au corps chevalin, peuplaient les montagnes ou les forêts de Thessalie.

CERBÈRE, le chien tricéphale, était le gardien de la porte des enfers qui se trouvait au Pont-Euxin.

LE SPHINX posait aux passants de Thèbes une redoutable énigme et tuait ceux qui ne pouvaient y répondre.

LE MINOTAURE, au corps d'homme et à la tête de taureau, était enfermé dans le labyrinthe du palais de Cnossos.

TABLE